実例で見る! 外国語×働き方改革

これで、小学校外国語の『学び合い』は成功する!

水落芳明・阿部隆幸 編著

●仕事のやり方を変えることで、
　外国語の実践が楽しくなる!

●『We Can!』『Let's Try!』を使用した
　「目標と学習と評価の一体化」の授業実践を多数収録。

G 学事出版

はじめに

　私が勤める「上越教育大学教職大学院」では「学校支援フィールドワーク」という実習があります。各研究室に所属する学生が5名前後のチームを組み、学校課題と（研究室や学生の）研究課題が共有できる学校へ150時間の実習に入るというものです。今年度、それらの現場で話題に上がることが多いのが「外国語」「道徳」「プログラミング教育」です。どのように、平成29年（2017年）3月に公示された小学校学習指導要領のねらいを実現させるかに頭を悩ませていることがわかります。

　その中でも「外国語」は「教科」となり「授業時数」としてカウントされるだけでなく、評価を考えて授業を進めていかなければなりません。今後はともかく、今まで「外国語」の授業を自分が中心となって進めることについて、学ぶ機会のなかった教師は多く、「焦りしかありません」と素直に語ってくださる方もいます。ある自治体で、そこに所属する教員全員が、各教科等に分かれて学ぶ研修会での人数構成を教えてもらったところ、「外国語が人気です」とのことでした。この「人気」は「焦り」とも取れると感じました。得体の知れないものに出くわすことへの対応策を必死に考える今、ということなのでしょう。

　一方で、本書に実践を提供した方などのように、喜々として外国語授業に取り組む方がいます。その方々の心中はいかなるものなのでしょう。これらは、本書に収められています「座談会」にて明らかになっていきますが、ここで少しだけ紹介しますと、「過去に囚われずに実践できる魅力」を感じている方々だということです。そのことにいち早く気づき、実践を積み重ねた方々が本書に執筆してくださっています。

　そして、本書のもう一つのテーマは、「働き方改革」です。「外国語」の本になぜ「働き方改革」が関連しているのかと不思議がる方もおられるでしょう。これがおもしろいことに「過去に囚われず実践できる魅

力」というところに「共通点」を見いだすことができます。それは、本書の「働き方改革に関する座談会」のところをお読みいただくことで明らかになります。これもほんのちょっとだけ紹介しますが、「働き方改革」のポイントの1つに「過去からの囚われ」をいかに払拭していくかが大切であることが話題になっているところがあります。

　加えて、外国語の授業実践を執筆されている方々には「私の働き方改革」として具体的に1ページ書いていただいています。「座談会」での具体例の数々も知ることができます。

　新しいものであろうとなかろうと、他者（第三者）と情報を交換したり、互いに高め合ったりするための「フォーマット」（共通言語のようなもの）が必要です。それが、本シリーズ（「成功する『学び合い』」シリーズ）で延々と主張し続け、本シリーズの「核」となっている「目標と学習と評価の一体化」という考え方です。シリーズ第8弾となる本書も、前回の国語、社会、算数、理科の教科編と同様にアクティブ・ラーニングデザインシート（通称 AL デザインシート）をもとに授業を展開しています。学習者中心の授業を展開し、目標と評価を考えた場合、AL デザインシートをもとに「目標と学習と評価の一体化」を考えていけば、授業の中で抜群に効果を発揮します。

　もし、「目標と学習と評価の一体化」について興味関心を抱いた場合は、過去に7冊のシリーズ本が出ております。ご興味のあるタイトルから手にとってお読みください。

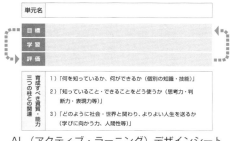

AL（アクティブ・ラーニング）デザインシート

　これらの本が皆さまのお役に立ち、目の前の子どもたちと共に、豊かで安心できる未来を創っていく助けになることを願い、応援しています。

　　　　　　　　　　　　　　　　　2018年10月　阿部隆幸

実例で見る！ 外国語×働き方改革
これで、小学校外国語の『学び合い』は成功する！
《 も く じ 》

はじめに　　2

序　章　外国語の導入で
　　　　働き方改革も成功する！ 7

外国語活動・外国語科導入の背景　　8

「名もなき業務」　　10

教師の仕事の特殊性　　12

「エビデンス大御所」　　13

業務や負担の可視化（見える化）　　16

も（目標）・が（学習）・ひ（評価）の一体化　　18

第1章　小学校での外国語導入の
　　　　ポイントって何？（座談会）...................21

外国語教育導入と組織化　　22

外国語と働き方改革　　27

外国語導入のメリット　　30

組織化とオリジナリティのバランス　　34

第2章　小学校外国語の『学び合い』授業の実際……………………………37

1．第3学年の『学び合い』授業実践事例　38

ワールドツアーじゃんけん　38

英語のネームプレートを友達にプレゼントしよう　44

「What's this？」「It's 〇〇.」を使って、英語で会話しよう　50

2．第4学年の『学び合い』授業実践事例　56

favorite time cardでお互いをもっと知ろう　56

レッドデータブックを広めるために、
レッドデータアニマルポスターをつくろう　62

お気に入りの場所へ道案内しよう　68

3．第5学年の『学び合い』授業実践事例　74

あいさつを通して犯人さがしゲームを楽しもう　74

"HOMEKOTOBA" for you　80

あこがれの人について紹介しよう　86

4．第6学年の『学び合い』授業実践事例　92

夏休みの思い出を紹介し合おう　92

英語劇をつくろう　98

小学校の思い出を英語で伝え合い、卒業文集に掲載しよう　104

第3章　新教科を進めるにあたって
　　　　欠かせない働き方改革（座談会）……….111

働き方改革の背景　112

何が正しいのか、わからないまま進むことへのストレス　115

協働的に進むためのキーポイントとは　120

「子どものために」というキラーワードに疑いをもつ　124

外国語の導入によるプラス1にどう対応すればいいのか　127

おわりに　130

序　章

外国語の導入で働き方改革も成功する！

水落芳明

C 外国語活動・外国語科導入の背景

　新学習指導要領では、グローバル化や人工知能（AI）の飛躍的な進化等により、世の中が急速に変化していることを踏まえ、人間の強みを伸ばしていくことが重視されています。そこには、AI がどれだけ進化し思考できるようになったとしても、その思考の目的を与えたり、目的の良さ・正しさ・美しさを判断したりできるのは人間の最も大きな強みであるという考えがあります。

　また、言語能力は、子どもが行う学習活動を支える重要な役割を果たすものであり、すべての教科等における資質・能力の育成や学習の基盤となるものとして、その育成が求められています。外国語活動や外国語科はこうした背景の中で導入され、**目標は、コミュニケーションを図る素地となる資質・能力を養成すること**となっています。

　これは、相手の発する外国語を注意深く聞いて、何とか相手の思いを理解しようとしたり、もっている知識などを総動員して自分の思いを他者に伝えようとしたりする力を伸ばすことを重視しています。母語でのやりとりでは意識されていなかった、**コミュニケーションを図る難しさや大切さを改めて感じ、意思伝達ができるようになることを重視している**のです。

　今回の改訂により、3・4 年生では外国語活動を年間35単位時間、5・6 年生では外国語科を年間70単位時間学習することになりました。他の教科の授業時間削減は行わないため、総授業時数は純増ということになります。

　一方で今、教員の多忙が問題視されています。「働き方改革」が叫ばれ、行事の精選や部活動の削減等が議論されるようになりました。溢れてしまったさまざまな業務を整理することと並行して、外国語活動や外国語科をプラスしていくのです。ここでは、一見矛盾するこの 2 つの問題にどのように取り組んでいけばいいのか、全国の先進的な取り組みを

序章　外国語の導入で働き方改革も成功する！

紹介しながら考えます。人間の強みをいかした思わぬ成果から、ヒントを見つけていきましょう。

　さて、人間が幸せを感じるのはどんなときでしょうか。ご馳走を食べているとき、などの答えが浮かびます。しかし、それは、人間以外の動物にも当てはまります。犬でも猫でも餌を食べているときは喜びを感じます。では、他の動物は感じない、人間だけが感じる幸せとは何でしょうか。

　私は「他の人を幸せにしたとき」だと思います。わかりやすいのはサプライズプレゼントです。サプライズプレゼントをもらうと、人は驚き、そして喜びます。しかし、ここで注目したいのはプレゼントをもらった人ではなく渡した人のほうです。プレゼントをもらった人と同様に幸せそうな顔をしているのではないでしょうか。もしかしたらそれ以上に、ニコニコとしている姿が目に浮かびませんか。

　サプライズプレゼントを渡す人は、プレゼントを渡す前、用意している段階から、このプレゼントを渡したらどんなに喜んでくれるだろうかと思いを巡らし、幸せな気分に浸っていきます。私は、このようなことに喜びを感じる他の動物を知りません。その意味で、「他の人を幸せにすることで得られる幸せ」がもっとも人間らしい幸せと考えることができるのではないでしょうか。

　自分以外の人を幸せにすることで自分も幸せになる力は人間のもっている大きな強みです。この強みを生かして、外国語活動や外国語科の導入と働き方改革の両立を成功させていく道を考えてみたいと思います。

○「名もなき業務」

「名もなき家事」という言葉をご存知でしょうか。炊事や洗濯といった家事には名前がついているのに対して、そういった家事の前後にある算段を含む、名前のついていない些細な家事のことを言います。

例えば、「赤ちゃんをお風呂に入れる」という家事を例にとって考えてみましょう。「赤ちゃんをお風呂に入れる」という家事は、「赤ちゃんをお風呂に入れる作業」だけで完結するものではありません。

まずはお風呂を掃除し、お湯を入れて湯加減を調節し、着替えやタオルを準備し、傷やあざ、けがをしているところはないか確認しながら、服を脱がしてお風呂に入れ、体を洗います。その際、目に石けんが入らないように注意を払いながら、赤ちゃんと目を合わせて「気持ちいいね〜♪」「そう！ ○ちゃんも気持ちいいの〜♪」と会話をして入浴を楽しみます。その後は、きれいに体を拭いて、部屋の気温や入浴後の体調の変化に気を配りながら、赤ちゃんを寝かしつける作業へと移っていきます。

そこには、当たり前のことですが、その日の気温、疲れ具合、体調、時間を絶妙に判断し、汗をたくさんかいたから、早めにお風呂に入ったほうがいいとか、そうだとしたら、今ここでビールを飲むのは我慢しておこう、などといった判断が伴います。「赤ちゃんをお風呂に入れる」という家事には、これだけたくさんの「名もなき家事」が付随しているのです。

私たちは、こうした「名もなき家事」までしっかりと役割を果たすことを「責任の分担」と呼び、お風呂に入れる部分だけを行う「作業の分担」とは分けて考えています。実は家事の中で多忙感を感じさせるのはそういった部分であり、「作業」だけを分担して、やった気になっている家人との不公平感やもめ事はこうした部分から生まれます。なぜなら、こうした「名もなき家事」の遂行中は、一見何もしていないように見えても責任を分担している状態であり、家事に対する意識のスイッチを切

らず、気持ちを集中させています。スイッチを切らない時間が長いと、人はだんだんと疲れ、ストレスを感じるようになってしまいます。

こうした「名もなき家事」のややこしいところは、それの大変さを訴えたところで、１つ１つは些細なことであり「そんなことくらいで……」というレベルに感じてしまうもの、ということです。そして、その部分の手を抜いたとしても、すぐには問題が起きない場合もあります。なんとなくギスギスした感じになったり、楽しくなくなったりしていき、やがて問題になったときには、その「名もなき家事」の手を抜いたこととの関連性はわかりにくい、ということもあるでしょう。逆に言いますと、１つ１つが些細なことだからこそ、よく気がつく人などの決まった１人が担当してしまい、周りの人と分担しにくい、ということもあるかもしれません。

学校の業務にも名前のついていない無数の「名もなき業務」があります。打ち合わせや会議の中で繰り広げられる議論の合間にいれる相づちや笑い、職員室に来訪者が入ってきたときに、知らん顔しないでそちらへ顔を向けるといったことも、その学校の空気をつくる重要な「名もなき業務」です。こうした「名もなき業務」は「名もなき家事」と同様に、１つ１つは些細なことであるため、きちんと分担されない場合が多いのではないでしょうか。

しかし、１つ１つは些細なことでも、それが一部の人たちや特定の人たちに偏り、積もり積もっていくといつかは飽和点に達することになります。現在の学校の多忙や多忙感は、まさに飽和点を超えてしまった状態と言えるのではないでしょうか。

飽和点に達してしまうと、１つ１つの業務は形式的になり、当初期待した効果を生み出すことができなくなります。１の効果を上げる業務を10やっても、10の効果を得られるのではなく、むしろマイナスになってしまうことだってあるのです。

さらにこれをややこしくしているのは、それぞれの業務に対する評価

です。人は誰かの役に立つと喜びを感じることができますが、これが特定の人に集中していたり、「作業の分担」のみで都合よく生きている人が評価されていたりする場合はそうもいかなくなるのです。「名もなき業務」の遂行について、きちんと目を向け感謝し合える職場にしていくことが大切ではないでしょうか。

C 教師の仕事の特殊性

教師の仕事の特徴として、佐藤（1997）[*1]は「再帰性」「不確実性」「無境界性」を挙げ、そのことが多忙の原因になることを指摘しています。「再帰性」は、教師の仕事の責任は「どこにもやり場がない」ものであり、子どもが悪い、社会が悪い、家庭が悪いといくら批判を外に向けようとも、その批判のつぶてはブーメランのように回帰して自ら負うべき責任として舞い戻ってくる、というもの。「不確実性」は、ある教師のある教室で有効だったプログラムが別の教師の別の教室で有効である保障はないし、ある文脈で有効だった理論が別の文脈でも通用するとは限らない、というもの。「無境界性」は、教師の仕事が1つの単元の完結によって終わりはせず、時間的にも空間的にも連続的に拡張する性質をもっている、というものと説明しています。

さらに、「不確実性」への対応として、教師が教育の理論や学識に対する根深い不信感を抱いて、既存の権力や権威に追随したり、身内だけに閉じこもる徒党を形成し、情念主義や努力主義へと教師たちが傾斜したりするのは、教員社会における特徴的な文化と言えるだろうと指摘しています。

たしかに、学校現場で次のような場面を目にすることがあります。職員室に、特定の研究者や実践者の著書をずらりと並べ、それとは異なる

[*1]　佐藤学『教師というアポリア　反省的実践へ』世織書房、1997年、12-18頁。

アプローチに対しては聞く耳をもとうとしない先生。もしくは、「○○先生の理論に基づけば……」が口癖で、「カリスマ教師」に傾倒し、その仲間だけでクローズされた勉強会を繰り返す先生たち。私は現場にいるときから、どうもこういった世界にはなじめず、「○○先生に学ぶ研修会」のようなものに足を運んだことがありませんでした。ですから、大学院で『学び合い』に出合ってからも、『学び合い』フォーラム（『学び合い』の全国的な研修会）では、ゲスト講師として毎年異なる人をお招きし、偏りなく幅広い世界とつながることを意識してきました。この点については拙著『開かれた『学び合い』はこれで成功する！』（学事出版）をご参照ください。

また、本書に実践を紹介し、座談会にご協力くださった大分大学教育学部附属小学校の先生方は、『学び合い』を意識して実践されている先生方ではありません。文部科学省の有識者会議で、学校の働き方改革の評判を耳にし、学校にお邪魔したのがお付き合いの始まりです。本書をずっと一緒に書いてくださっている阿部隆幸さんと一緒に授業を参観した際も『学び合い』という言葉を1つも使っていないのに、まさに「目標と学習と評価の一体化」の授業でした。

私たちは、「目標と学習と評価の一体化」への継続的な取り組みが効果を上げるとともに、先生方が楽になることを研究成果によって実感しています。それを、大分の先生方は外国語活動や外国語科の授業づくりにみんなで取り組むことで体現されていたのです。

「エビデンス大御所」

前述した「カリスマ教師に学ぶ会」のような研修会は、頻繁に開催されています。それ自体は、学校現場で働く先生方や先生を目指す学生さんたちの意欲の表れであり、決して悪いことではありません。ただ、そういった場で語られる内容については、きちんと吟味してみることが必

要です。「カリスマ教師」の話を聞き、同じことを実践してみたところで、みんながみんな「カリスマ教師」になれるわけではないからです。

　我が国にはこれまでにも、優れた教師が多数いて、中には有名な書籍を残された実践者もいます。しかし、そういった方々が大学で教員養成に携わってきたか、教育に関する学会で論文を発表してきたか、というとそうではありません。同様に、大学や学会で活躍する方が学校現場で活躍していないとも言えます。それくらい、学術研究や教員養成を行う大学と学校現場の先生方の意識は離れた道を歩んできたのです。

　これは、先生方の多忙や多忙感と大きな関係があると私は考えています。教育活動の効果をきちんと検証するのではなく、「○○先生の理論だから正しい……」として進めていったとしたら、先生方は、ご自身で効果を確かめることができません。学校の中で発言力の強い先生や、立場が上にある先生から、「私は〜をやってとても効果があったよ。だから、あなたもやってみたら」と言われたら、たとえ効果を感じられなかったとしても、やるしかなくなってしまう場合だってあるのです。

　現場で行われる指導案検討のような場面では、そういったことがよく起こります。実際の子どもたちの姿を見て話し合うのではなく、まだ授業をやっていない段階で、授業を想像しながら話し合うのですから、発言力の強い先生の意見が通りやすくなるのは当然かもしれません。

　私たちは、こういった状況を「エビデンス大御所」と呼ぶことにしました。「大御所の先生がそう言っているんだから、そうやるしかない」「何が正しいのかわからないけれど、大御所の先生が認めてくれるまで、とにかくやり続けるしかない」というものです。詳しくは、第3章の「働き方改革に関する座談会」のペ

ージに譲ります。

　学術研究の世界は、この点で優れたシステムをもっています。「査読」という仕組みです。学会誌に論文を投稿して審査を受ける際は、著者を特定できる情報を伏せることになっています。審査員も名前を伏せ、複数で行うのが通常です。また、審査の回数が予め決められていて、１度目の審査で指摘していないことを２度目以降に追加して指摘することは認められないのです。一般的には２回程度の審査で論文の採録について可否が決められます。これは研究成果が公平に審査を受けられるためのシステムです。著者や審査員が何者かによって審査に影響を与えてしまうことなく、何が正しいか、論文がどのように修正されれば採録されるのかといった基準が明確になっているシステムです。

　それに対して、学校現場の指導案検討を見ると、修正しなくてはならない理由がわからないまま何度も修正を求められたり、前回指摘されていないことが追加で指摘されたり、ということがあります。よりよい指導案をつくろうという意図は感じられますが、先生方はその指導案だけに専念しているわけではありません。どうしても子どもを見る目が疎かになってしまいます。指導案検討ばかりやっている学校が荒れているという話があるのも頷けます。

　外国語活動や外国語科の本格実施は、こういった現状打破のための救世主になる可能性があります。国語や算数……といった教科は、これまでに研修が進められ、各地域に大御所がいるものです。しかし、外国語活動や外国語科は新たに導入されますので、まだ大御所がいない場合があります。詳しい人がいないという困った状況を逆手にとって、みんなで協力するしかない状況づくりに役立ててください。

　大分大学教育学部附属小学校はそれに成功した学校と言えます。外国語活動や外国語科の授業づくりに全校で取り組むことで、先生方が目標を共有して協働し、成果も共有できる関係（「Ｗｅな関係」[*2]）を構築しました。詳しくは、座談会のページをご覧ください。

C 業務や負担の可視化（見える化）

　私の研究室に所属した飯村先生（仙台市中学校教諭）の研究[3][4]を紹介します。彼は、これまでの働き方改革の先行研究を調べ、働き方改革に向けた対応策が複雑なものが多く、現実的に使いにくいことを問題点としてあげました。そして、青木（2012）[5]「業務改善の第一歩は業務の可視化（見える化）から始まる。」という先行研究を参考にして、一般的な学校で導入可能な単純な対応策として、業務を可視化することを検討したのです。

　その対応策ではまず、各学校の業務の総量を（教員の人数）×（勤務日数）×（勤務時間）という計算で可視化することから始めます。例えば、勤務日数が年間239日とし、1日の勤務時間を7.75時間とすると、1人の教員の総業務時間は1852（時間）という具合です。これにその学校に勤める教員数をかけ算し、学校が勤務時間内で可能な総業務量を時間という単位で可視化するというものです。

　さらに、そこからほぼ固定化できる業務として、授業等に必要な時間を引き算すると、その学校で授業以外に取り組むことのできる総業務を時間という単位で可視化できると考えたのです。

　またそこから、各業務の遂行に先生方が何時間を要したかを引き算していくと、総量が決まっていますので、どこかで赤字になってしまうところが出てきます。では、どの業務のダイエットが必要なのか、目に見える形で検討できるようにしようというものです。

　この研究の魅力は、見えにくく精神論で語られがちだった先生方の労

---

[2]　佐伯胖先生の「学びのドーナッツ論」を基に水落研究室で育てた考え方で「I」と「You」の関係を「We」と呼ぶ。「We な関係」は、目標を共有し、責任を分担して協同する関係でその成果も共有する。詳しくは、『成功する『学び合い』はここが違う！』（学事出版）を参照のこと。

[3]　飯村寧史・瀬戸健・水落芳明「学校業務の可視化に関する試案—業務の規模と重要性に着目して」『上越教育大学教職大学院研究紀要』第5巻、2018年、123-131頁。

[4]　飯村寧史・瀬戸健・水落芳明「学校業務可視化ツールの検討—規模の可視化ツールに着目して—」『上越教育大学教職大学院研究紀要』第6巻、印刷中。

[5]　青木栄一「学校運営に"業務改善"の考えを導入する」『教職研修』第41巻第1号、2012年、85-87頁。

働力を有限なものとして可視化したところです。そして、各学校の有する労働力を量的に可視化することで、「もうちょっとがんばる」「気合いで乗り切る」といった精神論ではなく、きちんと目に見える形で働き方改革を検討しようとしたところです。詳しくは、飯村先生の論文をご参照ください。

　学校の業務の中で「名もなき業務」は、とくに見えにくく気づかれにくい特徴があります。まずは見えにくい「名もなき業務」を見えるようにしていくことから始めましょう。そして、これまでそれを分担してくれた人に感謝を表明し、これからはみんなで分担することを決めましょう。些細なことでも1人で分担していれば、非効率的な動きが必要となり、パフォーマンスが向上しません。ですから、いったん**「感謝される業務」として見えるようにしてから、誰が分担するのが効率的なのかを検討していきましょう**。

　例えば、学年便りに行事予定を載せるとします。それを各学年毎につくっていたら同じような作業をたくさんの先生がやっていることになります。これを教務主任の先生など、担当者を決めて、その先生がつくり、学校のHPに掲載するとしたらどうでしょうか。各学年の先生が行事予定を間違えて掲載することはなくなり、間違えてはいけないというプレッシャーからも解放されます。もちろん、各学年便りにミスがないか確認する作業も楽になります。

　今、先生方を苦しめているのは1つ1つの作業の膨大さもさることながら、そうしたプレッシャー、すなわち責任から解放される瞬間が乏しいことにあるとも考えられます。すぐに、「名前のついている業務」

を削減していくことは難しい場合も、こうした「名もない業務」をシェアすることで、1人1人が背負い続けている責任を少しずつ解放していくことを考えてみてはいかがでしょうか。それによって、多忙化の解消や多忙感からの解放の道が広がるはずです。

C も（目標）・が（学習）・ひ（評価）の一体化

　前述したように、教師の仕事の特徴として「不確実性」を挙げることができます。佐藤（1997）[*6]は、「扱う問題の解決の多くが科学的な知見や合理的な技術の「確実性」で基礎づけられている他の専門職と比較して、教師の仕事はそのほとんどが「不確実性」によって支配されている。」と指摘しています。また、「ある教師のある教室で有効だったプログラムが別の教師の別の教室で有効である保障はないし、ある文脈で有効だった理論が別の文脈でも通用するとは限らないのである。教育実践の評価も同様である。」と指摘しています。

　これは、授業実践と同様に、働き方改革にも必ず成功する決まったやり方がないことを表していると考えます。子どもたちの学びが文脈に依存しているように、教師の仕事もそれぞれの学校の、そこにいるメンバーや状況と密接に関係しながら展開していくのです。

　だからこそ、決まった方略ではなく、その場の状況をよく理解しているメンバーが絶妙に判断しながら助け合うしかありません。つまり、**目標を共有しながら協働し、成果も共有するしかないのです**。これは、**授業における「目標と学習と評価の一体化」の重要性と同じ**です。

　では、実際に業務を削減するにはどうすればいいでしょうか。ここでも大切なのは「も（目標）・が（学習）・ひ（評価）の一体化」です。まずは、小さな業務の見直しから考えてみましょう。大きな行事や事業を

＊6　前掲書、佐藤学『教師というアポリア　反省的実践へ』

削ることから始めようとすると、削ること自体が大変で途中で息切れして頓挫してしまったり、「絵に描いた餅」で終わってしまったり……なんてことになりかねませんので。

些細なことから始め、効果を実感できるようになってから、大きな業務の削減に取り組んだほうがスムーズに進みます。もちろん、校長先生や教頭先生を中心に大きなスクラップを検討できる場合は、それでも構いません。しかし、それでも些細なことのスクラップを抜きにしてしまうと効果は限定的で長続きはしないでしょう。

さて、どんなに些細な業務でも削っていくのは大変です。それなりの意味や価値があって行われてきたものであり、それなりの思い入れをもってその仕事に取り組んできた人がいるものです。そうした同僚と一緒にみんなで納得できるスクラップ計画を作成しなくてはなりません。そこで大切なのが、「も（目標）」の共有なのです。

まずは、学校の置かれた状況をみんなで分析し、目指すべきものが何かを確認します。県や市町村の教育課題等と学校の実態等から考えていく場合もあるかもしれません。みんなのベクトルを揃えるためにも、学校のやりやすい方法で進めることが大切です。

目指すべき目標が決まったら、削れそうな業務を１つ挙げて、先ほど決めた目標に基づいて効果を評価します。教育活動ですから、さまざまな効果はあるものだと思いますが、先ほど決めた目標に照らしたとき、本当に必要な業務かどうかを評価するのです。

ここで大切なのは「これくらいならやれるんじゃないか？」と考えないことです。そういった「塵」が積もって今の「山」のような多忙な状況が生み出されたのですから。

そして、目標に照らして効果が薄いとなったら思い切ってスクラップしましょう。繰り返しますが、些細な業務であっても、担当者はそこにプライドをもって仕事をしているものです。ですから、そういった思いに寄り添いつつ、効果がないというのではなく、有限な労働力や、有限

な時間の使い道を考える上で、優先順位が下がってしまうことを確認していくのです。
　こうした作業を円滑に進めるためにも、目標に基づいてきちんと評価していくことが重要です。この評価を正確に行うためには、その学校に長く勤めている先生や年長者と、今年その学校に来たばかりの先生、それも年下の先生の意見が平等に取り上げられるように進めることが重要です。そうでないと、結局古くからある風習のようなものを取り除いていくことが難しくなってしまいますので。
　先生方のベクトルが揃えば、少なくとも人間関係等のストレスは軽減されます。また、目標を共有した上でみんなが納得して進めることができれば、同じ業務を行っても徒労感に苛まれることはなくなります。また、業務の成果を目標に基づいて評価できれば、成就感も感じることができます。
　こうしたサイクルを回していくことで、少しずつ自信をもって仕事ができる環境をつくり、その成果を地域に伝えることで味方を増やしていってほしいと願います。

働き方改革においても「目標と学習と評価の一体化」がポイント

第1章

小学校での外国語導入のポイントって何？
（座談会）

水落芳明・阿部隆幸・柳澤好治（文部科学省 総合教育政策局 教育人材政策課長）
河野雄二・時松哲也・山田眞由美・築城幸司・秦潤一郎・益戸順一
甲斐義一・井智美（以上、大分大学教育学部附属小学校）

C 外国語教育導入と組織化

水落　新学習指導要領では、小学校3・4年生で外国語活動（年間35単位時間）、5・6年生で外国語科（年間70単位時間）が実施されるわけですが、大分大学教育学部附属小学校（以下、大分附小）における授業改革の突破口に、その外国語を選んだのは、どのような意図があってのことだったのですか。

時松　端的に言いますと、公立学校の役に立ちたいということですね。大分県教育委員会が推進する「大分県グローバル人材育成推進プラン」*¹の中に、「英語力（語学力）」があるのですが、これはきっと、公立学校での外国語の授業が肝になってくると予想しました。そこで私たちが率先して先導する形で具現化し、実践していけば公立学校の役に立てるのではないかと考えました。加えて、職員全員で取り組めるよう組織化しました。

水落　公立学校の役に立とうというミッションが前提にあるので、蛸壺化するような研究ではなく、公立学校でも使えるような授業づくりをみんなで考えていこう、となったということですね。組織化についても公立学校で使えることを前提に考えたということでよろしいですか。

時松　はい。大分県教育委員会では、「子どもの力と意欲の向上に向けた『芯の通った学校組織』活用推進プラン」*²というものもあります。しかしこれは施策ですので、いわばペーパー（紙）、2Dの世界です。そして、これを県下の学校が実現していこうという雰囲気があるかといえば、必ずしもそうではないと感じています。それならば、外国語の授業づくりを切り口に、この施策を2Dから3Dへ具現化して示すことができないかと考えました。目標の共有ができ、組織を整えていくことで、どの先生も活

---

*1　大分県における「グローバル人材」の資質・能力の考え方として、5つの力（①挑戦意欲と責任感・使命感②多様性を受け入れ協働する力③大分県や日本への深い理解④知識・教養に基づき、論理的に考え伝える力⑤英語力（語学力））の「総合力」を掲げている。平成26年（2014年）10月21日発表。https://www.pref.oita.jp/uploaded/attachment/2009982.pdf

*2　平成26年（2014年）11月18日発表。https://www.pref.oita.jp/uploaded/attachment/2002580.pdf

躍でき、働きがいのある学校組織になるのではないかと考えたわけです。

水落 組織化は、具体的にはどのように考えてつくっていったのですか。実際に公立学校から大分附小に来られた先生方は、概ねいい組織だとおっしゃっていましたが。

河野 県の施策としてのモデル校という意識がありましたし、それを上手く進めるためにはどうすればいいのかを現場が具体的に考え、実行するOJTもあったと思います。

秦 学校組織というのは、「全員ができる」ということが一番大事なのだと思います。これは自慢とかではないのですが、私は以前から外国語に携わっていたため、3年前（2015年）までは私の学級だけができる状態にありました。私の学級だけ、子どもたちのコミュニケーション力がどんどん伸びていったんです。でもそれではダメで、大分附小が求めたのは「全員」でした。

それまでの私にはそういった発想はなく、自分個人が研究に向かっていけばいいという感じでした。同僚に伝えるなんて、そういうことは考えてもいませんでした。しかし、同僚はもちろんのこと、もっと多くの教師に伝える。つまり、公立学校にも広げて伝えていくということになると、機能的な組織づくりは授業づくりと直結していると感じました。私たち教育公務員の仕事は「公（おおやけ）」です。まさに公教育にふさわしい、「組織」とか「体制」を意識しないといけないと思いました。

水落 秦先生は、大分附小の外国語部のキャプテンですが、公立学校で役に立つということを考えながら、どんなことに気をつけて実践されてきたのでしょうか。

秦 キャプテンといいますか、昨年（2017年）より本校で外国語の主任を務めさせていただいていますが、私が外国語に携わり始めた10年前（2008年）はまだ、小学校現場では外国語は新しいものでした。おおよその先生方や保護者は、中学校での英語の授業のようなものといった印象があったと思います。文部科学省が掲げた外国語教育の重点項目はいく

つかありましたが、私はまず、「コミュニケーション能力」にポイントを
おいて伝えなければならないと直感しました。

益戸　私は、外国語部の担当の一人ですが、専門は外国語ではありませ
ん。ですから、外国語を研究していない教師がどのような外国語の授業
を創れるかといった視点から伝えられるように、と思っています。短い
英語、クラスルームイングリッシュを多用して、ほめるときも子どもが
わかる英語でほめていく。ほとんどの小学校の先生は、外国語の授業を
自分で行っていませんからね、私もそんなことから授業を考えていくよ
うにしています。

秦　私が外国語の授業を行うきっかけを思い出したのですが、以前勤め
ていた学校から「社会科の教師が足りないので、来てほしい」と言われ、
実際に行ってみたら外国語担当だったんです。本当に詐欺と言います
か、だまされたという感じでした（笑）。私は当時、外国語のことなんて
何も知らなかったですし、英語もほとんど話せないのですから。でもそ
のときに、その学校の管理職から言われたのは、「今後、日本の教育は外
国語が主流になってくる。英語が苦手な教師でも、英語の授業をしなけ
ればならない時代が来る。だから、英語が話せない君だからこそ、突然
英語をやってと言われてもできるように、君がその担当となって、これ
からの新しい外国語教育の先駆者というか、モデルになってほしい」と
言われたんです。それがスタートです。

水落　井先生は英語が専門ですよね。

井　はい。それで逆に、難しい英語を使ってしまうことが私の課題で
す。英語は好きですが、だからといって外国語の授業が上手くいくかと
いうと、また別の話になりますね。自分の中では難しいなと感じていま
す。英語はしゃべりたいけれど、しゃべると難しい文法や単語が出てき
ます。でも、子どもはそれを聞いても意味がわかりませんから、今は簡
単なクラスルームイングリッシュを使って反応を見ながら子どもたちと
やりとりをしています。そうすることで結構、子どもたちとの外国語の

授業は成立していますので、やりやすくはなったのかなと思っています。
水落 ちょっとひけらかしたくなるようなことは、ありませんか（笑）。
井 いえ、それはありません（笑）。簡単な英語でも子どもが理解してくれたらうれしいので。本当に単語でもやりとりできるんだって、最近は実感しています。
秦 その発想の転換が、小学校の外国語教育は、中学英語の延長ではないということなんだと思っています。「英語」ではなく、「外国語」として取り入れられていることがその証拠だと思います。外国の人と広くコミュニケーションを取るために、この時間があるといいますか。日本人はもともとこの辺が苦手だということもあるでしょうか。中学校の先生の英語の授業もとても勉強になりますが、それをすべて取り入れるのではなくて、小学校ならではの文化や財産があり、ベースとしてそれを大切に生かしつつ、中学校の専門的な教育をちょっとずつ真似しながら進めていった、その結果「４R」（後述）という考えにつながったのだと思います。
水落 今のような外国語の捉え方やこの路線で行くというのは、秦先生が原案をつくり、管理職等の先生方に伝え、「よし、それでいくぞ！」といった形になったのでしょうか。その経緯を教えてください。
秦 大分附小と同附属中学校では、2015年に「小中外国語連携会議」が立ち上がりました。両校の校長先生を中心に、当時の研究主任、中学校の先生等々の執行部レベルで集まり、毎月会議をしていました。大分県グローバル人材育成推進委員の池田裕佳子先生も外部アドバイザーとしてメンバーに加わっていただき可能な限り招聘し、みんなで創り上げていきました。私はその当時は、中心どころか単なる一委員でしたが、そういった組織を築き、参加させてくれた学校の方針が大きいと思っています。
山田 先ほど秦先生のお話にあった「４R」もその会議で生まれました。

少し「４Ｒ」ついて説明します。当初、私たち小学校の教員には「英語がしゃべれないのに、どうやって授業をすればいいの？」といった思いが根底にありました。それでそのとき、「小中外国語連携会議」のメンバーだった中学校の先生から、「中学生が巻き舌でしゃべっても笑われない関係をつくることを大切にしている」という話を伺いました。

そこで、外国語を進める上でも、「学級経営が大切になる」と考えました。学級経営に関しては、私たち小学校教員の得意分野ですので、少し安心感のようなものが生まれました。そこから進めていったわけです。例えば、日本語で話したときに、うなずいてもらうとかですね。そういうことがあると安心できるよね、というところから、反応という意味のあるリアクション（Reaction）、レスポンス（Response）、信頼関係という意味のラポート（Rapport）というのが出てきたわけです。すると、あれ？　どれにもＲがつくじゃないの？　と（笑）。ふり返りもＲで表せないかな？　反響とか内省という意味のリフレクション（Reflection）があるけど、ぴったりじゃないかな、という感じです（笑）。それって、学級づくりと一緒だね、ということで、壁を越えることができたという感じですね。今では、新しく赴任された先生にも「４Ｒ」が大切ですと最初にお伝えしています。

秦　始めた頃は、いろいろな壁がありましたからね。特に中学校の先生とは壁がありました（笑）。４月から始めて夏を過ぎた頃に「４Ｒ」という話が出て、その辺りから少しずつ壁は取り払われていきましたが。向こう（中学校）は向こうの文化や考えがあり、こちら（小学校）はこちらの文化や考えがあり、でも顔をつきあわせてどうするって話を進めていくと、自然とそれぞれの違いを理解し合いながら、共に共通して歩める部分を探り出し生み出していけたんです。３月になってそのときのメンバーが異動するってなったときには寂しさを共有するくらい、よい関係を構築するまでになりました。

外国語と働き方改革

水落　外国語と働き方改革とを結びつけて伺いますが、外国語という新しい内容を取り入れていくときにそれがなるべく負担感にならないように、多忙化や多忙感につながらないようにしようということがありますよね。それで、大分附小では、外国語活動のスタートと同じタイミングで働き方改革を進められていたわけですよね。その辺り、具体的にどんな工夫をして、あまりエネルギーを使わなくて済むようにしていったのかを教えてください。

秦　ゼロからつくっていくのはやはり大変ですから、土台をブラッシュアップすることを大切にしました。例えば、前の年の年間計画や指導案といった土台です。それを大切にしながら、改善すべきものは改善していこうという考え方で進めていきました。

水落　甲斐先生は今年度（2018年度）から、大分附小に赴任されたとのことですが、外国語の実践をする中でありがたかったこと、工夫されているなと感じたことなどはありますか。

甲斐　まったくわからない状態で赴任しましたが、大分附小には、これまでの蓄積がありました。物理的に初めから道具が揃っています。例えばカードや黒板掲示のような物ですね。外国語部の先生をはじめ、どの先生に聞いてもアドバイスをもらうことができるということもありますね。みんなが同じ方向に向かっていますので聞きやすいですし。

水落　例えば、公立学校、一般の学校でもそういう道具を揃えさえすればいいという問題ではないということですよね。その道具があっても使い方を知っている人や使ってみせてくれる人がいないと使えない。周りの人がいて、聞けば教えてくれるという関係性があったから良かったということですね。井先生は、いかがですか。

井　私は、公立校にいたときは外国語の担当でした。みんなに進める立場だったのですが、先生方の外国語に対する壁は高かったです。外国語に対して苦手意識がある方が多かったですから。各自の力量に任せると

いう感じで、各学級でそれぞれのレベルでやっていたという形だったと思います。でも大分附小では、単元計画、ワンレッスンをみんなで考えてやり方も流れも同じようにやっています。教員が同じ土台で一緒にやっているという感覚がありますね。同じものを準備して、「このようにやっていこうね」って、安心して進められる、これが一番大きいですね。

　また、授業もウォーミングアップから始めて、パターン化されているので子どもたちもそのやり方に慣れていると考えます。それから、単元を見通した流れになっているのも大きいですかね。子どもたちも私たち教師もみんなが単元の見通しをもっているからやりやすいというのは、昨年度公立学校にいたときとはやり方が違いますが、私はやりやすいと思います。

水落　これ（右の単元の一覧表）があって、道具が揃っていれば、新しく大分附小に入ってきた先生でもできるといった仕組み、虎の巻があるような感じでしょうか。

益戸　そうかもしれません。ただ、やはり自分の学級経営と外国語活動がつながっているかどうかがポイントになるんだと思います。これまで、コミュニケーション能力を身につけるということは外国語以外で行ってきました。大分附小では、学級経営の部分もしっかり保ち、外国語活動とコミュニケーション能力の育成をしているということが大きいのではないかと思います。

水落　結局、ベクトルを揃えるというところに戻ってくるのでしょうか。そうすると、流れるプールで泳ぐように少ない労力で泳げるということですかね。これは柳澤課長に伺ったほうがいいことかもしれませんが、「チーム学校」ということが注目されています。これは先生方というよりも学校外の専門家とチームになるということだと思いますが、もち

ろん校内の先生方が一つになるということもありますよね。

柳澤 両方ですね。学校外の人のほうがクローズアップされがちですが、学校内での役割分担の見直しや効率化も求められています。

阿部 冒頭の時松先生の一点突破についてもう少し伺いたいのですが、働き方改革と外国語のお話をしてくださった部分があったと思いますが、いろいろな状況が重なって大分附小の場合は、外国語だったと言えるのでしょうが、一点突破という言葉にこだわれば「特別の教科 道徳」や「プログラミング教育」でも同じようにできたのか、外国語だからこそなのか、その点はどうなのでしょうか。

時松 そもそも論に戻って言えば、大分県の施策の具現化というのが拠り所でしたので、外国語は必然でした。大分県の施策の重点項目に「特別の教科 道徳」や「プログラミング教育」が要請されていて、社会的に求められていたとしたら、そういう選択もあったかもしれません。グローバル人材の育成というのは、世の中的に大きく求められていますし、大分県でもそういう流れがあります。そして、小学校の教科でも外国語が始まることが喫緊の課題で、これをやることによって公立学校の役に立ち、地域に貢献できるだろうということで外国語だったんです。でも、外国語で良かったと思っていますよ。外国語が足がかりになって、協働的な学び、小中連携にもつながっていますから。また、授業改善、チーム力を使った人材育成としても効果が出ています。私たち（管理職）の立場からすると、外国語で一点突破することでこれだけのものが担保されるということを再確認し、安心しているところがありますね。

秦 目標の共有という視点で言えば、外国語は確かに合ってはいましたが、他でも同じようにできたかもしれないと私は思っています。例えば、2年前（2016年）に、NIE（Newspaper in Education）というのがありました。新聞を授業に生かすという活動です。大分県が当番県になっていて、地域に貢献する形で始めたものです。新聞でフリートークなどを行ったのですが、それで「みんな」がやるわけです。「なんかやる

ぞ！」ということになると、みんなでその方向に向きますから、協働的にならざるを得ないということがありますよね。そういうところは、大分附小のいいところだと思います。

C 外国語導入のメリット

柳澤 外国語の時間を上乗せする場合、純増でプラス１としたら負担は大きいですよね。時松先生のお話から、他にも応用できるところがありそうな気がします。つまり、単にプラス１の純増というわけではなくて、こことここは融合できる部分があるから、まるまる１ではなく「0.いくら」の増で済む、外国語の導入が他の指導にも好影響を与えることでむしろプラスに作用するといった見方もできると思います。その辺りはどのように受け止めていますか。

甲斐 私は、今年度（2018年度）２年生の担任ですから、外国語の授業を行うなんて思ってもみなかった中、外国語を導入するということで、最初は本当にプラス１という感覚でした。でも今は、ある種のパターンや外国語の授業にだんだん慣れてきたということと、子どもたちが積極的に交流できるようになることとか、外国語のよさがわかってきたところがあります。また、「テンポ」というものを私は初めて授業研究で聞きました。子どもと一緒に何かをするという過程で、例えば、体育の授業では笛を２回吹いたら座るなどといったコントロールの仕方があると思いますが、テンポをよくすることで静かにさせるといいますか、集中させていく、のせていく、という部分で、また違ったコントロールの発想を新しく学び、プラスになりました。

柳澤 新しく外国語の授業を進めていくための労力は、数字的にはどのくらいになりますか。

甲斐 数字は難しいですけれど、どうしても数字ですか（笑）。0.5以下ですかね。

柳澤 井先生はどうですか。

井　私も0.5くらいですかね。先ほど外国語と学級経営という話がありましたが、最初はかけ離れていて外国語は外国語、学級経営は学級経営という感じでした。でも、最近やっ

と外国語と学級経営がリンクしている感じがします。普段の授業でも交流の時間、子どもたちのやりとりで「いいね」を取り上げると、子どもたちが「先生、外国語と同じだね」「アイコンタクトが大切なんだね」とか言ってきますね。そうやって交流を大切にしていますが、外国語と学級経営のつながりが見えるようになってきたので、もうちょっとできたらなぁと思っているところです。クラスルームイングリッシュはまったく難しい言葉を使わなくていいですからね、あとはこちらが「4R」を大切にするやり方に慣れるようにしていきたいと思っています。

水落　2つ伺いたいです。1つ目は外国語でやったから、国語の授業にも運動会にもといったように、他の仕事へも影響が広がるのか、広がらないのか、それは担任の裁量なのか、という点。2つ目は、外国語だから良かったのではないかといった話がありましたが、外国語は小学校では新しく入ってきたものなので、小学校には専門家がいない、つまり大御所がいないから、みんなが同じことをやりやすかったのではないかと思うところがあります。外国語には「大御所がいない効果」といいますか、「大御所不在効果」があったのではないでしょうか。どちらか話せる方、話しやすい内容で話していただけますとうれしいです。

秦　確かにありましたね。10年前になりますが、私が外国語に携わった当初は、外国語教育についてはほとんど誰も何も知らないので、何も言われないということはありました。ちょこちょこっと言われたことはありましたが、心の中で「何にも知らないくせに」「ちゃんと学習指導要領を読んでいるのか」ってつぶやいていましたね（笑）。

水落　それは、前の学習指導要領のときの話ですか。

秦 はい。最初に外国語活動が登場したときのことですね。他の仕事への影響という点では、歌声発表会や、外国の歌を英語で歌うということがありました。ほかにも、運動会で実況を英語で行ったり、フリートークを英語でやったりとか、そんな感じです。

益戸 外国語以外でも友達と関わろうとする気持ちが増えているように思います。国語で交流する時間を取るのですが、積極的に友達に声をかけて交流する姿が増えています。外国語活動のふり返りで友達のよさについて書くのですが、具体的な友達のよさに気づいています。それをさらに取り入れようとしている姿がさまざまな教科のふり返りで見られ、育っていると感じています。1年目2年目のときは、毎週指導案をつくって、相談を通して学年の絆を深めていきました（笑）が、今は外国語の授業づくりを通じて、学年の絆を深めることができています。他の教科や活動でも「なんとかなる」というチームの土壌もできていますね。

築城 2つあります。先ほどの一点突破という話ですが、それによってチームで分担して行うという土壌がすごくできたかなと思います。専門家がいないですから、みんなで顔を付き合わせて考えることしかできないですからね。その際のよりどころは学習指導要領です。もう一点は、授業の大枠の流れが他の教科にも影響を与えているということですね。1時間1時間で考えず、単元で授業づくりを考えていますから。

秦 山田先生が実践されている国語科の「単元を貫く」[*3]という考え方を外国語に応用したわけですが、外国語でも他の教科のよさを根づかせられないかなという発想がありましたね。

水落 指導教諭の立場としてお話ししていただきたいのですが、専門家がいない中で、指導的な役割を果たさなければならなかったわけですよね？　その点ではどういったご苦労がありましたか。

山田 大分県教育委員会が推進している「新大分スタンダード」[*4]とい

[*3] 『言語活動の充実に関する指導事例集【小学校版】』（文部科学省、平成23年3月発行）に「単元を貫く言語活動」の指導事例がある。

う授業づくりの視点があります。それを取り入れながら授業観察シートというものを2015年に作成しました。つくるときには当時の義務教育課の課長補佐に確認してもらって独りよがりにならないように進めました。ですから、どの授業を見るときにもこの授業観察シートを基準にしています。

水落　「エビデンス大御所」ではなくて、「エビデンス新大分スタンダード」ということですね。

山田　はい。そして、外国語もその授業観察シートを基に外国語バージョンを作成し直したんです。理論的なものがある程度あってのことなので、「エビデンス山田（指導教諭）」ではないわけです。

秦　実は、私たちが外国語で大切にしたい要素を3点取り出していたのですが、この要素と山田先生の授業観察シートがぴったり重なっていたんです！　「新大分スタンダード」が拠り所となっていたことが、図らずしも実証された瞬間でしたね。仕事を進めるうえで希望を感じました。

山田　この重なりを見つけたときに、授業観察シートの外国語バージョンをつくって、秦先生にどうですか？　と聞いてみたことを覚えています。

秦　ここが（山田先生は）素晴らしいんですよ！　指導教諭でありながら、「どうですか？」という受容的な協働的な態度を示してくれますので、私たちも何かを進めようとするときには、受容的に、協働的にやらねばと自然となっていきます。

山田　そんなことを言いながら、私が「どうですか？」と聞いて渡したシートに赤ペンだらけで修正が入ってきましたけどね（大笑）。

秦　あれ、根にもってますね！（笑）

山田　でも、いいものをつくろうとする姿があるということですよね。

秦　「みんな」が、目標を共有しているということですから。

＊4　基礎的・基本的な知識・技能の確実な定着に加え、「学びに向かう力」と「思考力・判断力・表現力」の育成を目指す授業改善の手引き。https://www.pref.oita.jp/site/kyoiku/2001503.html（平成30年3月更新）

水落　この本は、「目標と学習と評価の一体化」を謳っているシリーズなんです。それが『学び合い』であると私たちは言っています。まさに、先生方の『学び合い』ですよね。目標があって、評価し合い、We な関係の中で規準をはっきりさせる。その規準をみんなが共有できているから、安心もできる。今のお話をお聞きして、ちょっと都合良く、自信を深めた感じがしました。

C 組織化とオリジナリティのバランス

阿部　授業の話を深めていきたいと思いますが、大分附小で外国語の授業を行うにあたって、ここにこだわっている、みんなにこだわるようにしてもらっているといったことを授業の時間に特化して教えてもらえますか。

秦　それは、相手意識を大事にすることですね。伝える目的があるからこそ、子どもたちは活発に活動したくなるんだと考えます。その先に単元構想があります。1時間の授業だけでなく、おおもとに単元があるということです。加えて、そこにきちんとコミュニケーションの必然性があるか、そこでの会話の内容に「リアル感があるか」というところも大切にしています。子どもが本当にコミュニケーションしたくてこの単元を学習しているか、ということをみんなでお互いにチェックしていますね。

水落　新学習指導要領の外国語活動・外国語編、外国語活動の目標（3）の「〜相手に配慮しながら、主体的に外国語を用いてコミュニケーションを図ろうとする態度を養う。」からきているのですか。

秦　そうです。まさに相手への配慮です。そこが学びに向かう力につながると思っていますし、つまるところ学習指導要領に戻ることになると思います。

水落　山田先生が最初に指導案について語ってくださったときにそれをおっしゃいましたね。今日の授業（この座談会の前に、井先生は外国語の授業を私たちに見せてくださいました）は、相手に配慮というところが肝で、それを授業者がどういうふうに子どもたちに投げかけ、子ども

たちの姿の中にはどのように反映されているかに注目してくださいという説明がありました。その後、参観した皆さんは、「見事にやっていたね」と話していましたが。

井 実は昨日すごく「強調して話す」というデモンストレーションの練習をしたにも関わらず、緊張しすぎていいデモンストレーションができなかったのが心残りです。「相手に配慮しながら」という部分に関しては規準にありましたし、そこを大切にしていたので、意識して授業をしようと思っていました。今日は始め、子どもたちの声が小さくて、まずいと思いましたので、一度子どもたちを座らせて強調する部分を確認しました。

水落 そこもよかったよねと参観者と話していました。

井 ありがとうございます。私自身も評価規準や身につけさせたい力を意識しながら授業を進めたり構成したりすることは、とても大切だと改めて思いました。子どもの中でもふり返りに、具体的な姿でがんばったことが書かれていましたので、子どもたちの中で高まったことがわかりました。このくらい強く意識し、強調していいんだなと思いました。

秦 子どもたちがやりながら学んでいるところがありました。大事なところを強調する姿も見られました。「これ大事だ！」と、子どもたちの意思が見られたのがよかったですよね。

築城 関連して、「一部を強く言いましょう」とか「強く言うと言いやすいですね」とか言わずに、どんな言い方があるかの違いに着目させて、子どもに気づかせて引き出しているところを見て、子どもが自ら気づく授業に臨めていたなと思いました。井先生は、子どもの気づきを聴いて広げられていて、私にとってもとても学びになりました。

山田 授業がシンプルでした。大切な言葉を強調するというねらいの一点突破でした。先生も子どもを見とりやすいから、できていないことをくり返し指導できていましたし、何より子ども自身が意識してできていましたね。余分なものをそぎ落とした授業だったと思います。

阿部 先ほどの流れから予想しますと、井先生がやられた授業を隣の学

級でも同じような指導案をもとにやっていく、やってきたということでしょうか。

秦 はい。

阿部 私は古い人間なので、過去の考え方だと言われるかもしれませんが、教師として自分が担任する学級については、自分のオリジナルや面白味を入れてみたいと思うことがあります。スタンダードと言われると、それをしなければならなくて平準化させられるみたいな、マイナスイメージがあります。大分附小ではみんなで一緒に揃えましょうというところがあると同時に、自分のオリジナリティみたいなところを発揮しましょうとか、発揮する余地はあるのか、それは、しないほうがいいよねという考えの共通理解があるのか、この辺りはいかがでしょうか。同じ指導案を使うときのA先生とB先生の実際の授業についてです。

秦 すべてが同じというわけにはいかないと思っています。どうしても担任の特性は少しずつ違いますので、違いは出てくると思います。ですから、揃えるときは揃えて、実験的に個人でやってみるといったことはあります。例えば、フリートークを英語で行うといった実践は、実験的にやっている部分があります。それで、やってみて良かったら、他の先生にも紹介するといった形ですね。

阿部 試行錯誤は許されているということですね。

山田 はい。ベースは揃えますが、あとは自分で味付けやアレンジはしてもいいよという感じです。

築城 外国語の授業をつくるとき、チームでやる部分と個人でやる部分の棲み分けは私も考えていますね。チームでやるところは単元計画をつくるところだったり、必然性をどうもたせるかだったりですね。個人で考えるのは、日々の授業レベルの話です。

阿部 なるほど。

水落 本日は、お集まりいただき、ありがとうございました。お蔭で外国語の授業のポイントがいろいろと見えてきたように思います。

第2章

小学校外国語の『学び合い』授業の実際

1. 第3学年の『学び合い』授業実践事例

ワールドツアーじゃんけん

単元名	「Unit 1 Hello！ あいさつをして友だちになろう」 （1時間目／2時間扱い） 『Let's Try！ 1』文部科学省

目標	世界のいろいろな国のあいさつを声に出し、「I'm ○○.」という名前の伝え方に慣れ親しむことができる。
学習	(1) 映像を見て世界のいろいろな国のあいさつを知る。 (2)『ワールドツアーじゃんけん』ができる。 (3)「世界のあいさつ」＋「I'm ○○.」と名前を伝え、友達○人以上とサイン交換ができる。
評価	・『ワールドツアーじゃんけん』で、世界のいろいろな国のあいさつを声に出して慣れ親しんでいる。 ・「I'm ○○.」と名前を伝え、友達とサイン交換ができる。

育成すべき資質・能力 三つの柱との関連	1）「何を知っているか、何ができるか（個別の知識・技能）」 　　世界のいろいろな国のあいさつを声に出し、「I'm ○○.」という名前の伝え方に慣れ親しむことができる。 2）「知っていること・できることをどう使うか（思考力・判断力・表現力等）」 　　「世界のあいさつ」＋「I'm ○○.」と名前を伝え、友達とサイン交換ができる。 3）「どのように社会・世界と関わり、よりよい人生を送るか（学びに向かう力、人間性等）」 　　世界にはさまざまな国、人、言語があることに気づき、多様な人と関わり、あいさつを交わすことの楽しさを実感する。

第2章　小学校外国語の『学び合い』授業の実際

本学習にあたって

　義務教育の「外国語授業開き」となるのが3年生の本単元です。母語以外の言語との出会いを、子どもたちにとって楽しく、ちょっぴり刺激的で印象的なものにしたいですよね。

　『ワールドツアーじゃんけん』は、世界のいろいろな国のあいさつを、とにかくたくさん、とにかく楽しく声に出すのに一推しのアクティビティです。

　「サイン交換」は、全教科・領域で『学び合い』をよりよく機能させる学習活動です。授業開きで取り組むことで学級文化として根づきます。

目標・学習・評価の設定

児　童　いよいよ英語の勉強、楽しみだなぁ。

教　師　ははは、外国語活動で勉強するのは英語だけじゃないんだよ。日本語以外の言語はぜーんぶ「外国語」だからね。みなさん、世界にはいくつぐらい言語があると思いますか。

児　童　アメリカ、中国、韓国……う〜ん、100ぐらいかな？

教　師　ちなみに、日本が国と認めているのは196か国（2018年）です。

児　童　じゃあ196！（笑）

教　師　実はね、もっともっと多いみたい。いろいろな説があって、正確な数はわかってはいないのだけれど、一番多くて……

児　童　300ぐらい？　いや、500？

教　師　８０００！！

児　童　は、は、は、８０００！！？？

教　師　はい。今日から８０００の外国語を勉強していきます！……というわけにはいきませんから（笑）主に英語を使ったコミュニケーションの勉強をしていきます。

児　童　８０００もある地球の言葉の代表が英語ってこと？

1．第3学年の『学び合い』授業実践事例　39

教　師　そうですね。地球代表のコミュニケーション手段ともいえるかもしれません（笑）。地球上のあらゆる人とコミュニケーションをとれるように勉強していくのが外国語活動なのです。

児　童　そうだったんだ。早くやりたいなぁ。

教　師　今日のゴールは『世界のいろいろな国のあいさつを声に出し、「I'm ○○.」という名前の伝え方に慣れ親しむことができる。』です。

学習の様子

　はじめに、『Let's Try！ 1』 2 ～ 3 頁の世界のいろいろな国のあいさつを聞きます。あいさつに合う「ジェスチャー」もぜひ子どもたちといっしょに考えましょう。この後の『ワールドツアーじゃんけん』がよりいっそう楽しく、より取り組みやすく、より効果のあるものとなります。『ワールドツアーじゃんけん』は、『進化じゃんけん』[1]をアレンジしたものです（宮城県の國井あつ子先生の実践を参考に開発しました）。

【『ワールドツアーじゃんけん』のルール】

1．教室を歩き、同じあいさつをしている人を見つけたらペアになります。
　　例）「Hello.」は「Hello.」同士、「Jambo.」は「Jambo.」同士です。

2．「I'm ○○.」と名前を伝え合います。

3．「1、2、3！」でじゃんけんをします。

4．勝ちは進み、負けは① America の「Hello.」に戻ります。
　　あいこはハイタッチをして 2 人とも進みます。

　　①　America……「Hello.」（片手を振りながら）

　　②　China……「你好。（ニーハオ）」（右手拳を左手で包む拱手(こうしゅ)しながら）

　　③　India……「नमस्ते ।（ナマステ）」（合掌しながら）

＊1　じゃんけんをして勝ったら「たまご→にわとり→ゴリラ→人間」のようにどんどん進化していく遊び。レクリエーションなどでよく行われている。

> ④　Kenya……「Jambo.（ジャンボ）」（片腕を突き上げながら）
> ⑤　Japan……「こんにちは。」（おじぎをしながら）
> ⑥　1 point get !　また①から繰り返す
> 5．5分間繰り返します。point が最も多かった人が champion です。

児童A　你好！你好！你好！你好！你好！你好！你好！你好！你好！

児童B　你好！你好！……你好———！！ I'm Takako.

児童A　I'm Takayuki. 1、2、3！……あいこだ！

児童B　（ハイタッチをしながら）イェーイ！……えっと、次は？

児童A　ナマステ〜だよ。タブレットで言い方を確認しておく？

児童B　大丈夫◎ナマステ〜だね。 Thank you. नमस्ते！ नमस्ते！

教　師　（タイマーの合図で席に戻ります。）結果を確認します。
　　　　　0 point ？

児　童　はーい。

教　師　実は、0 point の人たちが、一番多く声に出していたのが、そう、英語の「Hello.」ですね。（この「フォロー」がこの実践の肝です。）地球代表の英語でのあいさつを誰よりも練習して上手になった人たちです。Listen.聞いてみましょう。Hello！

児　童　Hello！！

教　師　Very good ◎これは拍手ですね。1 point ？ 2 point ？ 3 ？

　1回目は右のワークシートを使用しました。発音や交流に自信がないために活動に消極的になる子どもも想定されたためです。タブレットやノートPCを準備

し、デジタル教科書でいつでも自分たちで発音などを確認できるように学習環境を整えることも安心感につながります。楽しげな雰囲気の中で、たくさん声を出して交流しているうちに、「何だか言えちゃった！」「外国語活動をきっかけに友達になれた！」と、ドラマティックなことが次々に起こります。

　2回目以降は、韓国やドイツやフィンランド、その他の国に替えて取り組むことができます。アレンジは無限大です。

評価・ふり返り

　最後の活動（評価・ふり返りの観点含む）は、『Let's Try！1』5頁を使用します。
『「世界のあいさつ」＋「I'm ○○.」と名前を伝え、友達5人以上とサイン交換ができる。全員が10分間で』のようなゴールになります。友達○人以上の所は、ワールドツアーじゃんけんの様子や残りの授業時間に応じて、子どもたちと高すぎない目標を設定しましょう。交流した人とサインを交換する、とてもシンプルですが子どもたちが大好きな活動です。10分後にくじで選ばれた人が代表で発表することを予め伝えておくと、『学び合い』に心地よい緊張感が生まれます。外国語開きの特別な1時間なので、くじは最終的にはすべて引きました（笑）。

　「今日のゴール『世界のいろいろな国のあいさつを声に出し、「I'm ○○.」という名前の伝え方に慣れ親しむことができる。』が◎の人？」

　見事に全員の手が元気よく上がりました。単元計画（次頁参照）に◎をつけて授業を締めくくりました。

私の働き方改革

私は単元計画を作成し、単元に入る前に子どもたちに配布し、共有しています。教科書と同じ図やイラスト入りの『図入り単元計画』です（同シリーズ『これで、算数科の『学び合い』は成功する！』に「図入り単元計画」を用いた２・５年の実践を紹介しています）。

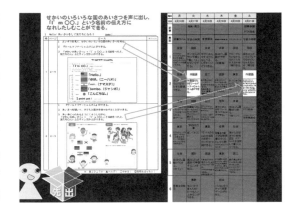

子どもたちはノートの表紙にそれを貼っています。拡大したものは教室に常時掲示し、授業では前面に移動して使用しています。その成果でしょうか、朝や休み時間も学習に関わる対話が教室で飛び交うようになり、単元テストの結果も著しく向上したのです。

また、各教科の『図入り単元計画』から１時間ごとの「ゴール」をコピペして『週予定』を作成しています。前週の金曜日に子どもたちに配布し、教室にも掲示しています。『先出しスケルトンボックス型授業』（対義語は「後出しブラックボックス型授業」となる造語）のほうが、落ち着いて学習できる子どもたちが多いという実感があります。私も、見通しをもてることで、安定的に授業に臨むことができるようになりました。

子どもたちの『学びやすさ』を求めて実践してきたことが、教師の私の『働きやすさ』にもつながっているのです。

朝の会や帰りの会で今日や明日の予定を確認する時間は本当に必要でしょうか？　私は変更がある場合のみ連絡するようにしています。連絡帳も必要なときだけ書けばいいと考えています。その分、仲間づくりの楽しいアクティビティや、ふり返りに時間を使うことができています。

（鈴木優太）

1. 第3学年の『学び合い』授業実践事例

英語のネームプレートを
友達にプレゼントしよう

単元名	「Unit 6　ALPHABET」（4時間目／4時間扱い） 『Let's Try! 1』文部科学省

目　標	アルファベットについて、友達の姓名の頭文字は何か尋ねたり自分のほしいアルファベットを相手に伝わるように工夫して表現したりすることを通して、姓名の頭文字を伝え合おうとする。
学　習	(1) Greetings & Warming up 　① 【Let's Sing】　②アルファベット並べ (2) 単元を通した目標について確認し、本時のめあてについて知る。 (3) Activities 　① 【Let's Talk】友達の姓名の頭文字は何か尋ね合い、ほしいアルファベットを集める。 　②集めたアルファベットで友達のネームプレートをつくり、友達にプレゼントする。 (4) 本時の学習のふり返りをする。
評　価	友達のネームプレートを完成させるために、自分のほしいアルファベットをジェスチャーを使って表現したり実物を見せたりしながら伝え合っている。

育成すべき資質・能力 三つの柱との関連	1) 「何を知っているか、何ができるか（個別の知識・技能）」 　　身の回りには活字体の文字で表されているものがあることに気づき、活字体の大文字とその読み方に慣れ親しむ。 2) 「知っていること・できることをどう使うか（思考力・判断力・表現力等）」 　　自分や友達の姓名の頭文字を伝え合おうとする。 3) 「どのように社会・世界と関わり、よりよい人生を送るか（学びに向かう力、人間性等）」 　　相手に伝わるように工夫しながら、自分の姓名の頭文字を伝えようとする。

第2章　小学校外国語の『学び合い』授業の実際

本学習にあたって

　本単元は、アルファベットの文字を題材とする初めての単元であり、高学年の文字学習へ向けてのスタートとなる重要な意味をもちます。3年生にとっては、国語科でローマ字を学習したり、社会科の地域学習でアルファベットの文字が使われた標示を目にしていたりしていると思われます。こうした他教科等の学習と関連づけることで、児童は多くのアルファベットに囲まれて生活していることに改めて気づくとともに、アルファベットの文字への興味・関心の高まりも期待できます。特に、国語科のローマ字の学習後、一番身近な自分の姓名をアルファベットで記名している児童が多く見られるようになります。

　そこで、姓名を題材とすることで文字学習への抵抗感を少しでも軽減するとともに、相手意識をもたせることで英語によって伝え合う活動に必然性を生み出しながら、「英語のネームプレートを友達にプレゼントしよう」という言語活動を設定しました。このことで、児童にアルファベットが自然に入りやすく、主体的な学習展開が期待できると考えました。

　指導においては、単元がもつねらいを踏まえ、アルファベットの大文字に十分に慣れ親しませることが重要です。慣れ親しむ中で、アルファベットとしての「A」と単語「APPLE」の「A」は同じ文字でありながら発音が違うといったように、文字には「名称」と「音」があることに気づいたり、「カーブでできている文字」「直線だけでできている文字」など文字の形の特徴に気づいたりするようにします。このことから、児童がアルファベットの大文字への認識を深めるとともに、友達へプレゼントするということで他者への配慮が必要となることを一層意識しながら、友達と伝え合うことの楽しさや喜びを感じられるよう考えました。

目標・学習・評価の設定

　この授業では、「アルファベットについて、友達の姓名の頭文字は何か

1.　第3学年の『学び合い』授業実践事例　45

尋ねたり自分のほしいアルファベットを相手に伝わるように工夫して表現したりすることを通して、自分の姓名の頭文字を伝え合おうとする」というねらいを達成するために、まずネームプレートをつくる上で友達の姓名の頭文字を尋ねる表現や、ほしいアルファベットを伝える表現が必要であることを児童との対話を通して引き出します。次にアルファベットに慣れ親しみ、続けて Let's Talk において尋ね合ったり伝え合ったりする授業展開としました。

　そして、本時ではクラスを二分し、アルファベットをもらう役とあげる役に役割分担しました。あげる役は前時のアルファベットの仲間分けを使い、「カーブでできている文字」と「直線だけでできている文字」が置いてある店を設定し、ほしいアルファベットを集めるようにします。このようにすることで、集める前にある程度推測して交流するようになるとともに、アルファベットの大文字への認識が深まり、相手に工夫して伝える手がかりとなると考えました。本学習の評価は、主に Let's Talk の場面における児童の交流の様子をもとに行動観察により行うとともに、ふり返りシートをもとに紙面分析でも行っていきます。

学習の様子

〈① Warming up を終え、児童との対話から本時のめあてを設定する〉

教　師　（学習計画*1 を指し示して）今日のめあてだけど、前回は何を学習したのかな？

児　童　アルファベットの仲間分けをしました！

教　師　そうだよね。どうして、わざわざ仲間分けしたの？

児　童　アルファベットについて、よく知るため！

児　童　友達のネームプレートをつくるため！

教　師　そうだね。では、学習計画によるとどこかな？

---

*1　単元の導入段階で、児童と共に共有する単元の計画・流れ

児　童	ナンバー4「自分のほしいアルファベットを集めよう！」です！
教　師	そこで先生ね。今日友達のネームプレートつくってきました。

児　童	先生！　友達って誰？
児　童	早く見たい！
教　師	ジャン！（ネームカードを見せる）
児　童	……これ、誰？
児　童	うゆき　おうじ？　王子？
児　童	あっ！　築城（つゆき）先生だ！
教　師	これで渡していい？
児　童	だめ！
教　師	なんで？
児　童	だって、頭の文字がなくて違う名前になってるもん！
児　童	ちゃんとはじめのアルファベットを入れないと！
教　師	そうだよね。みんな入れてくれる？
児　童	TとKです！
教　師	ありがとう。これで完成したね。このようにクラスの友達のネームプレートも完成させてみたくない？
児　童	いい！　やってみたい！
教　師	では、今日のめあては「ほしいアルファベットを集めて友達のネームプレートを完成させよう」でいいね。

〈②児童相互のやりとりから、相手に伝わるように工夫する〉

児童A	「The "Z" card, please.」
児童B	（んん？）「"G", "Z"」
児童A	「"Z"　"Z"」（身体で"Z"を表す。）
児童B	「Yes！」
児童C	「The "G" card, please.」

児童D　（ん？）「"G", "Z"」

児童C　「Curve.」

児童D　「I see！ "G", O.K.？」

　児童Aと児童Bは、アルファベットを身体で表すことでお互いに伝え合うことができていました。また、児童Cと児童Dは、前時で学習したアルファベットの形をよりどころにヒントを出し、伝え合っていました。このように、相手に伝わるように工夫しようとする姿を見ることができました。

評価・ふり返り

教　師　（ふり返りシートの記述を終えて）では、発表してくれる人？

児童E　はい。Hさんが、伝わらないときに、アルファベットを身体で表していて、とてもわかりやすかったので、私も使っていこうと思いました。

児童F　ぼくは、Iさんのネームプレートをつくるときに、好きな色とかを考えてつくって、渡したときに笑顔で「Thank you」と言ってくれたので、うれしかったです。

児童G　わたしは、Jさんがお店役のときに、合っているかどうか「Z？」と聞き直したり、指で文字を空書きして「Straight？」と伝えたりして確認して渡していたのでいいと思いました。

　児童のふり返りにある通り、児童は友達との交流を通して、前時に学習した文字の形に着目したり非言語手段（ジェスチャー）で伝えたりするよさに気づいていることがわかります。これは、友達との交流なくしては起きなかった気づきであり、「友達にプレゼントしよう」という目的があったことで、他者への配慮である「間違ったものを渡せない」という意識が生まれ、気づきが促されたと思います。目標を達成するために児童に目的意識や相手意識をもたせることがジェスチャーの必要感や学びに向かう大きな効果となると改めて感じさせられた授業となりました。

（佐藤宏）

第2章　小学校外国語の『学び合い』授業の実際

《働き方改革と外国語の授業づくり　その1》

　大分大学教育学部附属小学校では、4つのステップで外国語の授業づくりに取り組み、それが職員の負担軽減にもつながっています。

ステップ1　使命の確認と現状把握（課題と目標の明確化）

　本校の使命の1つは、「公立校の役に立つこと」です。外国語の授業は今大きく変わろうとしています。そして、小学校の先生の多くはそのことに大きな不安を抱いています。そのことをふまえ、本校では外国語の研究の目標として、①日本語を交わせる状況においても、英語や非言語手段だけでコミュニケーションを続けようとする児童の育成　②公立校の先生方が活用できる授業展開　の2つを全体で共有しました。

ステップ2　組織改編（チームをつくる）

　目標を共有できても、その取組の中でのリーダー的な職員がいなくなると同時に歩みが止まってしまうことがあります。そこで、本校では外国語活動研究チームを立ち上げ、校内研究に位置づけました。

　研究の方向性や具体的な取組の提案だけでなく、各学年部に入り方向性に沿った指導助言をしながら、日々の授業づくりにおける困りの解決に関わる体制をつくっています。また、指導教諭と研究主任がチームの一員となることから、管理職に研究の方向性だけでなく職員の働き方の状況などを随時報告し、チェックを受ける体制もとっています。

ステップ3　スクラップ・スリム＆ビルド……取り組むことを絞る！

　本校では、文部科学省制作の新教材「Let's Try！」「We Can！」が出されるまで、学校独自の教材を使用していましたが、それは公立校の先生方には使いづらいものでした。しかし、苦労して取り組んできたものですので、指導案作成のノウハウや Classroom English など使えるものは残すなど、研究内容に焦点を絞って、取り組みを進めています。

（※67頁に続きます。）

（山田眞由美）

1. 第3学年の『学び合い』授業実践事例　49

1. 第3学年の『学び合い』授業実践事例

「What's this?」「It's 〇〇.」を使って、英語で会話しよう

単元名	「Unit 8 What's this？」（4時間目／4時間扱い） 『Let's Try！ 1』文部科学省

目　標	グループで考えた What's this？クイズを使って、「これは何ですか？」「これは〇〇です」の会話を英語ですることができる。
学　習	(1) フォニックスやチャンツの確認（ALT 主導） (2) 前時にグループで決めたお題の、ヒント部分の英語を考える。 (3) グループで考えたクイズを使って、言語活動を行う。
評　価	・「これは何ですか？」「これは〇〇です」の会話を英語ですることができる。 ・英語のみでヒントを出すことができる。

育成すべき資質・能力 三つの柱との関連	1）「何を知っているか、何ができるか（個別の知識・技能）」 　「What's this？」「It's 〇〇.」の会話を英語で行うことができる。 2）「知っていること・できることをどう使うか（思考力・判断力・表現力等）」 　既習の英単語・英語表現を用いて会話をすることができる。 3）「どのように社会・世界と関わり、よりよい人生を送るか（学びに向かう力、人間性等）」 　・グループ内で話し合い、3つのヒントをつくることができる。 　・グループで考えたヒントをもとに、他の児童に対して問題を出し合うことができる。

50

第 2 章　小学校外国語の『学び合い』授業の実際

本学習にあたって

　小学校の外国語活動はゲームが中心で、目指すゴールが明確でない、という指摘もあります。「以前のような授業内容・指導のままでよいのだろうか」「具体的に児童は何ができるようになればよいのだろうか」といった先生方の不安を少しでも軽減したいという思いで、本実践を行いました。本単元では、相手に何を・どのように説明すれば伝わるのか、ということを考えながら活動しています。本実践が、自分自身、自分が持っているもの、憧れている人など、さまざまなことを紹介する表現能力の基礎を育くむことのできる手立ての1つとして考えています。

目標・学習・評価の設定

　前時までに、①動物や果物などのシルエットを見て、3つまでヒントを聞いて何のシルエットかを当てるシルエットクイズや、②何も絵を見ないで3つのヒントを聞いて、何について言っているかを当てるスリーヒントクイズなどを行っています。

　本時の言語活動は、前時にグループで選んだお題の絵について、ヒントの英語を3つ考えるところから始まります。

教　師　今度はグループ以外の人に問題を出しにいきます。3人以上とできればいいです。できるだけね、英語で。せっかくヒントを考えたので、（答えがわかっても）なるべくヒントを聞いてあげましょう。

児　童　はい。

教　師　OK. もう一回確認ね。good（B評価）が3人以上ね。3人以上とできる。Very good（A評価）は、さらに英語でヒントをだせるようにしましょう。やり方大丈夫？　覚えてる？

児　童　はい。

教　師　よし。12分でやります。最後に、終わったらペアを指名しま

1. 第3学年の『学び合い』授業実践事例　51

す。指名した２人に前に来て、できたかどうかやってもらいま
す。それも頭に入れてやりましょう。OK？ Are you ready？

児　童　OK！

学習の様子

〈班でヒントづくり〉

児童A　スポーツ最初のほうがいいって。後にスポーツって言ったっ
　　　　て、その前のヒントでわかっちゃうじゃん。１番最初にスポー
　　　　ツって言ったほうが、何でもあるじゃん。①スポーツ。最後ス
　　　　ポーツは絶対だめだよ。

児童C　最後スポーツだったらさ、絶対わかっちゃうよ。

児童B　なんかさ、この前９人体制って言ったらわかっちゃったじゃ
　　　　ん。

児童D　でもこの前（前の時間）９人て決めてたじゃん。

児童A　９人とボールを最後のほうにすればいいんだって。

児童D　じゃあ②何にする？

児童B　ヒント①スポーツでしょ？　ヒント②がバット。あ、バットじ
　　　　ゃ……。

児童D　わかっちゃう。

児童A　じゃあ、ヒント②がグラウンド。グラウンドっていったらさ、
　　　　サッカーか野球しかないじゃん。

児童D　え、でもそこで限られちゃう。

児童A　③をボールにしよ。

児童B　室外だよ、室外。外でやる。

児童A　そうだね。①スポーツ、あ、違う②スポーツのほうがいいって。
　　　　①外でやる。

児童B　あ、オッケー。

児童A　②スポーツ③９人でいいでしょ。

児童Ｃ　③９人だとわかんない。
児童Ｄ　サッカー９人だっけ。
児童Ａ　サッカー何人だ、11かな。大丈夫だよ。③９人。

　ヒントを考えた後、残った時間で「英語でヒントを言う」という評価基準の達成へ向け、英語での言い方を ALT に尋ねています。

児童Ｃ　できるだけ英語でしょ。
児童Ａ　え、でも英語で言えんじゃん。ヒント① Ground ヒント② Sports　③ Nine　でいいじゃん。
児童Ｄ　先生、外でやるって？
ＡＬＴ　It's outside.
児童Ａ　outside？
ＡＬＴ　外は outside.
児童Ａ　It's outside？ ヒント① It's outside、ヒント② It's a sports、ヒント③ It's nine.
ＡＬＴ　It's nine people.
児童Ａ　nine people.
ＡＬＴ　nine people sports.
児童Ｂ　nine people sports.
児童Ｄ　ねえ、外でやるってなんだっけ？
児童Ａ　Outside.

　児童Ａが中心となってヒントづくりを進めています。一番多く意見を出しているのは児童Ａですが、話の節々で友達の意見を取り入れたり、自分の考えについてきちんと理由を交えて説明したりしています。こういった小さな合意形成の積み重ねが、お互いの信頼や円滑なコミュニケーションには欠かせません。

〈言語活動〉

　評価基準のA「英語でヒントを出すことができる」を満たしている会話を紹介します。児童Dは、前述したグループのメンバーです。

児童D　What's this？
児童E　Hint please.
児童D　It's outside.
児童E　Soccer？
児童D　No.
児童E　Hint please.
児童D　It's a Sports.
児童E　Running？　Hint please.
児童D　Nine people.
児童E　It's baseball！

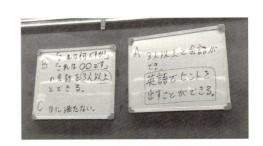

評価・ふり返り

　前もって班ごとにヒントを考えたことで、本番の言語活動では自信をもってスムーズに英語でヒントを言うことができる児童が多くなりました。また、授業のふり返りシートの記述内容が、活動内容などを記述していたものから、目標や評価基準を意識した具体的な記述になった児童もいました。目指す姿を共有したことにより、自分の行動をふり返る視点を得ることができていました。

　活動内容としては、従来の外国語活動と特別大きな違いはないように見受けられます。しかし、児童に目標と評価基準を明示したことにより、目指す姿が共有され、児童が具体的な目標達成を目指して活動するようになりました。

私の働き方改革

　主な働き方改革には、業務時間や業務量の削減などが挙げられますが、私は改革の一環として、外国語を指導するにあたり先生方が感じている不安を解消することに焦点をあてました。近年では、小学校外国語を学級担任が主導することが多く、不安を抱えている先生方も多いのではないでしょうか。そこで私は、現職教員を含む教職大学院生69名を対象に外国語活動に関する不安について2つの調査をしました。

　1つ目の調査では、外国語科を指導するにあたり、不安に感じていることを質問し、表1の10項目から複数選んで回答してもらったところ、①自身の英語力②指導方法③児童の目指す姿 の順に多い結果となりました。

　また、2つ目の調査では、本書で紹介した目標と評価基準を明示した授業実践の成果をプレゼンで発表し、外国語活動に対する不安がどのように変化したかを分析しました。

表1　アンケート調査の質問項目

| 1.指導方法 | 2.指導内容 | 3.児童の目指す姿 | 4.評価の方法 | 5.自身の英語力 |
| 6.時間の確保 | 7.教材教具 | 8.教員間意識の差 | 9.ALTとの連携 | 10.中学校との連携 |

　本実践の成果を受けての事後調査の結果は、表2の通りです。全体の不安要素数の変化を調べると、「指導方法」「児童の目指す姿」の数値が特に減少していました。また、不安解消の要因として、50.7％の方が「目標を明示したこと」、46.3％の方が「評価基準を明示したこと」と回答しました。

　これらの結果から、目標と評価基準を明示した授業が、教師（教職大学院生）の不安解消につながることが学術的にも明らかになりました。

　現場で活躍されている先生方にも、有効な手立てになると考えています。　　　　　　（遠山司）

表2　項目ごとの不安要素数

項目	事前	事後	減数
1	37	25	− 12
2	29	23	− 6
3	32	22	− 10
4	29	22	− 7
5	47	43	− 4
6	8	8	0
7	17	15	− 2
8	16	11	− 5
9	23	24	+ 1
10	18	16	− 2
合計	256	209	− 47

2. 第4学年の『学び合い』授業実践事例

favorite time card で
お互いをもっと知ろう

単元名	「Unit 4 What time is it ?」（3時間目／4時間扱い） 『Let's Try！ 2』文部科学省

目標	自分の好きな時間について、尋ねたり答えたりして伝え合うことができる。
学習	(1) あいさつも兼ねて、アイスブレイクのためのアクティビティをする。 (2) 時間の尋ね方と答え方の英語の表現を確認する。 (3) favorite time card のルールを確認する。 (4) 友達と、自分の好きな時刻とその理由について伝え合う中で、自分の尋ね方、答え方を確かめる。 (5) 友達の答えとの共通点や違いに対して、自分の思いを相手に伝える。
評価	・自分の好きな時間について、尋ねたり答えたりすることができる。 ・多くの友達と交流し、その中で、自分の感じたことも伝えることができる。

育成すべき資質・能力 三つの柱との関連	1）「何を知っているか、何ができるか（個別の知識・技能）」 　　生活の中での必要な時刻や日課の表現の仕方を知っている。 2）「知っていること・できることをどう使うか（思考力・判断力・表現力等）」 　　尋ねられたことに対して、自分なりの答えを伝えられる。 3）「どのように社会・世界と関わり、よりよい人生を送るか（学びに向かう力、人間性等）」 　　自分の好きな時間について会話をし、友達のことが理解できる。

本学習にあたって

「What time is it？（今何時）」という表現自体は、日常の中では、それほど使われるものではないかもしれません。しかし、時刻にまつわる表現は、これから学んでいくさまざまな表現のベースになるものです。繰り返し表現していくことで、確実に使えるようにしたいと考えました。

また、外国語の学習は、やはりコミュニケーションをとるためのものであるべきです。4年生という学年であることも考えて、子どもたちが会話をすること自体を楽しめたり、会話から生まれた自分の気持ちや思いをふり返ったりすることを大切にしたいと考えました。しかし、本単元や前単元のように、それまでの単元とは違い、自分で誰かと会話しなくてはならない学習が始まると、それを楽しく取り組める子と、そこに難しさを感じ始める子とに分かれ出します。子どもたちが会話「したい」ではなく、まさに会話「しなくてはならない」と思っていること。そして、会話することで発しなければならない言葉が純粋に増えていくことによる不安があるからです。そのために、どの子も楽しめるような教材（favorite time card）とどの子も安心して学べる環境（『学び合い』）、会話することの価値を実感する評価（グループセッション）が必要になります。

目標・学習・評価の設定

　子どもたちが進行するアイスブレイク「Simon-Says（命令ゲームのこと）」を終えた後、用意してある英単語カードを黒板に貼ります。

教　師　前の時間までに、時刻や日課の言い方、時間の聞き方を学習してきました（黒板に貼ってあるカードを指しながら）。今日は、これまでの学習を生かしながら、自分の好きな日課ついて、友達と英語で会話します。そのとき、これから説明するカード

を使います。たくさんの人と会話をしたり、学び合いもしたり
しながら、全員がカードの課題をクリアすることが目標です。

　学級にはいろいろな子がいます。目標や学習の設定などを一度で詳細
に説明せず、いくつかの情報に分けて行うようにしています。

教　師　教科書にある10の日課から自分の好きな日課を４つ決めて、時
　　　　刻と合わせてカードに記入します。先生はこんな風に書いたよ
　　　　（見本用を紹介する）。記入が終われば、「？」ゾーンにネームカ
　　　　ード。次に、好きな日課の聞き方と答え方を確認して、練習が
　　　　終わったら、「！」ゾーンに移動。カードの課題に取り組みま
　　　　す。課題を達成したら「！！」ゾーンに移動です。

〈見本用〉

favorite time card				
	❶	❷	❸	❹
日課	ねる	ばんごはん	おふろ	給食
時間	9	7	9	12

　あらかじめ用意しておいた模造紙を使
ってアクティビティの流れを説明しま
す。会話は英単語カードをヒントにして
もらいますが、すべてを英語で通すので
はなく、favorite time card や感想交流
は、日本語でも大丈夫だと伝えます。「５
時半」というような場合、今回は「５時」
というように統一することにします。

教　師　授業終了の10分前までに全員が「！！」ゾーンに移動できてい
　　　　るように、ヘルプを出したり、ネームカードを見て声をかけて、
　　　　協力したりして下さいね。会話をしているときも、困っている
　　　　ようだったら、サポートしましょう。10分前になったら、席に
　　　　戻り、グループでふり返ります。そのときに、ふり返りのポイ
　　　　ントは説明しますね。それでは、始めましょう。

学習の様子

　学習が始まると、どの子も、すぐにカードを記入し始め、ネームカードが「？」にどんどん貼られていきます。しかし、会話の仕方のところでは戸惑う子が出てきます。

〈会話の仕方で不安な子がいた場面〉

児童A　（隣の席の子に）ねぇ、おやつの時間、なんて言うんだっけ？

児童B　スナックタイム（snack time）だよ。私、選んでないけど。

児童A　そうだった！　ありがとう。

児童B　（教科書の文を指さして）What time is it？　は読めるの？

児童A　たぶんね……。これでいいんだよね？（発音する）

児童B　大丈夫だね。伝わったよ。最初に日課言うの、忘れないでね。

　会話が不安な子たちは、立ち上がらずに、隣の席や近くの子と確認し合いし、練習をして、自信をつけていました。

〈favorite time card で意欲的に交流している子がいる場面〉

児童C　（ネームカードを移動させた後ペアになり）Hello！ Bed Time

児童D　（自分のカードにも書いてあるので、喜びながら）OK！ OK！

児童C　“Bed time”, What time is it？

児童D　It's 9 o'clock. “Bed time”, What time is it？

児童C　It's 10 o'clock. うー残念。時間は違ったね。

児童D　寝る時間はどうして好きなの？　私は寝ると元気が出るから。

児童C　確かにね。ぼくは、なんかのんびりの気持ちになるからだよ。

　この後、お互い「thank you.」と声を掛けて握手。次の相手を探します。同じ日課を選んだ子に出会うまで、会話を繰り返します。

〈favorite time card の交流で戸惑っている子がいる場面〉

　カードには記入して、立ち上がって誰と会話をしよう……と思ってはいるけれど、なかなか積極的になれない子がいました。もうすでに「！！」ゾーンにいる子が声を掛けていました。

2. 第4学年の『学び合い』授業実践事例　59

児童E　大丈夫？　わかる？
児童F　うーん。たぶん。
児童E　時間もなくなるよ。私で一度練習してみる？
児童F　ほんと？　ありがとう。

　Eは、Fの様子からサポートが必要だと判断して、カードの課題を終えてはいるけれど、Eがリードして、練習相手になっていました。最後のほうは、相手がいない子たちに、「！！」ゾーンの子たちがもう一度立ち上がって相手をし、全員がカードの課題を解決できました。

評価・ふり返り

教　師　授業終了10分前に全員席に着きました。「！！」ゾーンの人のサポートが本当によかったです。今日の学習のふり返りのポイントは3つです。「会話をしてみての気持ち」「力がついたなと思うこと」「自分の好きな日課と友達の好きな日課の違いについて」です。3つのこと全部言えなくても大丈夫。一人ひとりが話して終わりではなくて、言葉や体で相槌を打ったり、何か気になることがあったら聞いてみたりしてくださいね。

児童G　楽しかったから、もっとやりたかった。最初は同じ日課の人が見つからなかったから、たくさんやって、でも、終わりのほうになったら、すぐ見つかった。友達からその日課の好きな理由も聞けた。いっぱいやったから、たくさん英語覚えられたかも。

児童H　うん。とっても楽しかったね。でも、同じ日課の人はいたのに、時間も同じ人はあまりいなかったけど、Gは、どうだった？

　活動の時間が多かった学習だからこそ、最後は、グループという少しゆったりとした場で、ふり返りの言葉を通して、自分の学習の評価を自分自身がします。また、他者との対話や、他者の学びによって、自分の学習が価値づけられることも大切にしていきます。

私の働き方改革

同僚の声に耳を傾ける余裕をもつことの大切さ

「日々の働き方を工夫して、どんなことを目指しますか？」と問えば、多くの人は、「定時退勤」と答えるはずです。私自身も、定時に退勤し、自分や家族のために時間を使うことが大切だと考えています。そのために工夫していることの一つが時間管理です。

時間ごとにやるべきことを決める／スケジューリングをする

「中休み→対子どものこと（指導や聞き取りなど）」「昼休み時間→今日明日中の対応が必要なこと」「放課後→2日後から1週間後までのこと／昼休みで終えられなかったこと」と基本的な振り分けをします。想定できる仕事は、朝のうちにスケジューリングしておきます。そうすることで、見通しをもって取り組めます。急遽入ってくる案件があったり、予定通りに仕事が進まなかったりするときもあります。しかし、その都度退勤時間を伸ばしていては、定時退勤が難しくなってしまうので、時間で切ってしまうようにします。そう考えると、「やれることの範囲内で仕事をする」という意識改革が、まずは大切なのかもしれません。

働き方の工夫は、一人ひとりの先生の状況や経験によって違います。例えば、中休みは、子どもたちとたくさん遊んで、信頼関係づくりを優先したい先生もいます。また、仕事の見通しをもてたり、意識改革をしたりするには、ある程度の経験や力量が必要な場合があります。

ただ、定時退勤することのみを追い求めている先生には、実践で悩んでいる同僚が相談しづらいかもしれません。育児や介護で仕事が思うように進められなくなった場合、仕事のお願いがしづらいかもしれません。

私たちは、チームで仕事をしています。同僚の声に耳を傾ける余裕をもつこと。退勤時間というような外側だけを見るのではなく、その内側でどんな働き方をすべきかを考えて、工夫をしていくことが必要です。

（大野睦仁）

2. 第4学年の『学び合い』授業実践事例

レッドデータブックを広めるために、レッドデータアニマルポスターをつくろう

単元名	「Unit 6 Alphabet」（1時間目／4時間扱い） 『Let's Try！ 2』文部科学省

目標	アルファベット文字クイズの仕方を知り、身の回りにある看板や標示などを表すアルファベットの小文字を聞いてわかるようにする。

学習	(1) Greetings & Warming up 　　Small Talk：レッドデータブックを広めるためにポスターをつくる提案 (2) 単元を通した目標について知る。 (3) 単元を通した目標から、本時のめあてについて知る。 (4) Activities 　①【Let's Sing】ABC Song 　②【Let's Chant】Alphabet Chant 　③ペアでキーワードゲームを行い、指導者の発する英語表現を聞いたり後に付けて発話したりしながら、アルファベットの小文字とその読み方に慣れ親しむ。 　④【Let's Watch and Think】デジタル教材で、身の回りにある看板や標示を見て、アルファベットの小文字を知る。 　⑤【Let's Play】紙面にある街のイラストからアルファベットの小文字を探して発表する。 (5) 本時の学習のふり返りをする。

評価	文字の読み方が発音されるのを聞いた際に、どの文字であるかがわかる。

育成すべき資質・能力　三つの柱との関連	1)「何を知っているか、何ができるか（個別の知識・技能）」 　　身の回りには活字体の文字で表されているものがあることに気づき、活字体の小文字とその読み方に慣れ親しむ。 2)「知っていること・できることをどう使うか（思考力・判断力・表現力等）」 　　身の回りにあるアルファベットの文字クイズを出したり答えたりしようとする。 3)「どのように社会・世界と関わり、よりよい人生を送るか（学びに向かう力、人間性等）」 　　他者に配慮しながら、アルファベットの文字について伝え合おうとする。

第2章　小学校外国語の『学び合い』授業の実際

本学習にあたって

　本単元は、10月〜11月に扱う単元です。4年生でアルファベットの小文字を学習することは、3年生のときに国語科でローマ字を学習したり、外国語活動でアルファベットの大文字について学習したりしている経験から、意欲を高めやすいと思います。さらに、学習への必然性を高めるために、10月に扱った国語科の学習と関連づけた単元を構成しました。

　実際の指導においては、単元の始めに教師とALTのやり取りを撮影した映像を提示することで、単元のゴールをイメージできるようにします。このやり取りでは、国語科の学習で作成した絶滅危惧種の動物を救出するための本（以下、レッドデータブック）を見たALTが、「これをアメリカの友達に広めたいけど、動物の名前がよくわからないな。アルファベット（小文字）で名前が書かれているポスターがあるともっといいな」という提案をします。その提案を受け「自分たちのレッドデータブックがアメリカで紹介されるからがんばりたい！」「アルファベットの小文字を使ってポスターをつくりたい！」という意欲を児童が高められるようにすることで、単元の学習を行う必然性を生み出します。

　また、この映像の中で教師が“g”と“z”を聞き間違えてしまう様子を提示することで、「アルファベットをしっかりと聞き間違えないようにしないといけない」という見通しを児童がもつことができるようにします。さらに、アルファベットの小文字を集めるためのやり取り（アルファベット文字クイズ）に向けて、文部科学省教材「Let's Try! 2」の“Let's Watch and Think”を視聴することで、児童がやり取りの仕方のイメージをつかめるようにしていきます。

目標・学習・評価

　この学習では、まずレッドデータアニマルポスターをつくるためには、「アルファベットの小文字に慣れ親しむ」「アルファベットを集める

2. 第4学年の『学び合い』授業実践事例　63

会話の英語表現に慣れ親しむ」ことが必要であることを、児童との対話を通して引き出しながら、単元の学習計画を立てていきます。そして、「アルファベット文字クイズの仕方を知り、身の回りにある看板や標示などを表すアルファベットの小文字を聞いてわかるようにする」という本時のねらいを達成するために、学習計画をもとに、本時では「アルファベットの小文字に慣れ親しむことができそうだ」という見通しを児童がもてるようにします。その後、Let's Sing や Let's Chant、キーワードゲームにおいてアルファベットの小文字に十分に慣れ親しみ、Let's Watch and Think の音声を聞いてアルファベット文字クイズの仕方を知っていきます。そして最後に、Let's Play において教科書のイラストからアルファベットの小文字を探して発表する授業展開としました。

　本学習の評価は、主に Let's Play の場面における児童の活動の様子をもとに行動観察により行うとともに、ふり返りシートをもとに紙面分析でも行っていきます。

学習の様子

〈① Warming up を終え、児童との対話から本時のめあてを設定する〉

児　童　（映像を視聴している）あっ、レッドデータブックだ！

教　師　（映像の視聴が終わった後）どんな言葉が聞こえた？

児　童　エド先生が友達にレッドデータブックとポスターを紹介したいって言ってた。

教　師　エド先生の友達に紹介してもらうために、ポスターをつくってみない？

児　童　つくってみたい！

児　童　だったら、学習計画をつくって勉強しないと！

児　童　確かに。アルファベットを勉強しないといけないね。

児　童　アルファベットも集めないといけないね。

教　師　なるほど。ということは、アルファベットに慣れたり、アルファベットを集めるためのやり取りの仕方に慣れたりしないといけないね。

（学習計画の項目を板書する）

教　師　（学習計画の項目を指し示して）じゃあ、今日はどんな学習ができそうですか。

児　童　アルファベットの練習ができそう。

児　童　特に、"g"と"z"を間違えないようにしないとね！

教　師　それそれ。よく練習しておかないと、ポスターをつくるときに間違ったポスターになっちゃうよね。まず今日のめあては、「アルファベットの小文字に慣れよう」でよいですか。

児　童　はい！

〈②音声を聞いて、児童との対話からクイズに使えそうな表現を導き出す〉

教　師　（Let's Watch and Think 視聴後）どんな言葉が聞こえた？

児　童　「letter」って言葉。

教　師　「letter」ってどんな意味か知ってますか。

児　童　「手紙」って意味。

教　師　そうだね。でも、今回は、「t-o-i-l-e-t, six letters」って言ってたよ。どういう意味だろう。

児　童　「文字」って意味！

教　師　そう！今回の学習でよく使う表現だから、しっかり慣れておこうね。

〈③慣れ親しんだ表現を Let's Play に活かす〉

教　師　「Where is "p"?」

児　童　「Find!!」「Me, please!!」

（見つけた文字を指して）「This!!」

教　師　「How many letters?」

児　童　「p-o-l-i-c-e, six letters!!」

教　師　「Good job!!」

　児童は教師の発するアルファベットの小文字を聞いて、イラストにある標識や看板のど

こにあるかを見つけることができていました。慣れ親しんだ表現を拠り所にして、アルファベットの小文字を探そうとする姿を見ることができました。

評価・ふり返り

教　師　（ふり返りシートの記述を終えて）では、発表してくれる人？
児　童　はい。"b"と"v"の発音が似ているから、しっかり聞いて区別できるようにしたいです。
児　童　私は、"b"と"d"の形が似ているから、今度から間違えないようにしたいです。
児　童　僕は、ポスターをつくるために正しいアルファベットを集められるようにしたいです。

本時で使用したふり返りシート

　児童のふり返りにある通り、児童は表現に慣れ親しむことを通して、発音の違いや似ている形に着目してアルファベットの小文字を見たり聞いたりしていることがわかります。さらに、「ポスターをつくるために正しいアルファベットを集めたい」と、単元を通して目的意識をもつ姿や、次時の学習へ意欲を示す姿も見られました。児童にとって必然性のある学習活動を組むことが、本時の学びや次時の学びに向かう力を一層高めることに大きな効果となると改めて感じさせられた授業となりました。

（平祐次郎）

《働き方改革と外国語の授業づくり その2》

　負担軽減を意識した実際の取組を紹介します。
ノウハウの継承〜指導案の共有と「見に来ない？」の声かけ
　ステップ２（49頁）で紹介したように、学年部に外国語部が入るとともに、前年度から在職の職員が中心となってチームで授業づくりを行います。

　例えば４月当初、前年度からいる職員が外国語部の助言を受け、前年度作成した指導案や文部科学省が出している指導案を土台に、それをブラッシュアップさせながら指導案を作成します。学年部は同じ指導案で授業を行うため、新しく赴任した職員は、実際にどの

授業づくりの様子

ような授業になるのか「見てみたい」という思いになります。そこで、前年度からいる職員は先行して授業を行って見せたり、逆に授業を見に行ったりします。授業を見合う時間は空き時間（専科の先生の授業）や担任外の自習代替を活用しています。

　本校では新しく赴任した職員だけで学年を組むことがなく、担任外の職員もいるため、上記のようなことが可能になります。また、前年度からいる職員だけに負担が行かないように次の単元は別の職員が中心となって指導案の作成を行います。そのようなことを繰り返す中で、ノウハウを継承していきます。

　実際に授業を見せることに負担を感じる職員もいましたが、「見に来ない？」という声かけやチームでやっているという雰囲気、何より見合うことで授業が変わり、子どもの生き生きとした姿が見られるようになることが職員のモチベーションアップとノウハウの継承につながっています。

（山田眞由美）

2. 第４学年の『学び合い』授業実践事例

お気に入りの場所へ道案内しよう

単元名	「Unit 8 This is my favorite place.」 （３時間目／４時間扱い） 『Let's Try！ ２』文部科学省

目 標	校内のお気に入りの場所に、３人以上の友達を案内しよう。
学 習	(1) 単元で使っている表現を真似っこゲームで確認する。 (2) お気に入りの場所を３つ以上道案内していく。 (3) １回の案内が終わったら、役割を交代する。 (4) 両方の案内が終わったら、ペアを解消し、次の相手を見つけていく。
評 価	校内のお気に入りの場所を、３人以上の友達に紹介し、道案内できる。

育成すべき資質・能力　三つの柱との関連	１）「何を知っているか、何ができるか（個別の知識・技能）」 　教室や校内の場所の名称、道案内に関する英語表現がわかる。 ２）「知っていること・できることをどう使うか（思考力・判断力・表現力等）」 　ジェスチャーや英単語を生かし、相手を目的地まで導くことができる。 ３）「どのように社会・世界と関わり、よりよい人生を送るか（学びに向かう力、人間性等）」 　他言語文化の人や、状況・環境の異なる他者を思いやり、関わることができる。

第2章　小学校外国語の『学び合い』授業の実際

本学習にあたって

　本単元は、お気に入りの場所を紹介する中で、道案内の簡単なフレーズを使い、身につけて行く活動です。簡単な表現を楽しい活動の中でうっかり使い出し、繰り返し使う必要のある場面を設けることで、体験的に身につけていこうという意図があります。これまでの外国語活動でも見られた表現活動ですが、教科書や黒板などの図やイラストの上で道案内をすると、進みたいほうと体の向きが異なり混乱し、表現の活用と習得を妨げる場合があります。そこで、本学習では、教室や体育館などの空間を生かし、街路のような仮想の校舎（廊下）をつくることで、身体的活動をともなった表現活動を実現します。教室であれば並んでいる机の間の通路を生かして、体育館であればゴザを道に見立てて、碁盤の目のように通路をつくります。その突き当たりに椅子と目的地のピクチャーカードを配置していきます。こういった活動の場を設け、実際に相手を道案内することで、何度も繰り返して表現に触れ、人と関わろうとする態度をキーフレーズと共に身につけていきます。（この実践は、新潟県柏崎市の ALT、Andrew Wood 先生の活動をもとにしています。）

目標・学習・評価

教　師　今日は皆さんのお気に入りの場所に友達を英語で案内しましょう！　道案内の英語って実はとっても簡単な表現でできています。学校の中で道案内ができれば、出かけた先や観光地、ご近所で道に迷っている人に出会ったって助けられます。今日は、「いつ、誰に道を聞かれても OK！」になることを目標に、楽しみながら道案内の表現を身につけましょう。

児　童　できるかなぁ？

教　師　大丈夫。体を動かしながら、道案内の表現を復習しましょう。

2．第4学年の『学び合い』授業実践事例　69

【ウォーミングアップ「真似っこゲーム」のルール】

1. 教師が背を向けて立ち、教師が見えるように同じ向きで児童も立ちます。
2. 教師が1フレーズ言うのと同時に、同じ動きをして見せます。
3. 児童は教師と同じフレーズと動きをして見せます。
4. 1フレーズ、1アクションで今回使う表現をリズムよく練習します。

(例) Go straight.（一歩前に出る）、Go back.（一歩後ろへ下がる）、Turn right.（右向け右）、Turn left.（左向け左）、Stop. Sit down. Stand up.（Jump！、Smile 等を交えても面白いです）

教　師　では、皆さんが準備したお気に入りの場所を、ここに用意した道に沿って案内してみてください。進め方は、こちらを見て確認してください。一度、お手本をやってみましょう。（一組の児童ペアに出てもらい、教師が解説しながら進め方を見せる）

児　童　どうしよう……とっさに英語が出てこないんだけど。

教　師　そういうときもありますね。整った文でなくとも、単語や知っている表現で伝わることもあります。失敗も間違いも OK、お互いにアドバイスや助け合いながら進めましょう。

児　童　案内する場所は、どれでもいいですか。

教　師　お気に入りの場所を3つ思い浮かべてください。思いついた順でもいいし、順位づけして1位からでも3位からでもいいです。友達に合せて3つの中から選びながら案内するのも楽しいですね。

教　師　ペアで1回やるには5分くらいかかります。全員が3つ案内できるにはどれくらい時間が必要ですか。

＜道案内の進め方＞

□ 1　ペアをつくります
□ 2　じゃんけんで勝った方が先に案内
□ 3　スタート地点で、お客さんは目隠し
□ 4　案内は1フレーズ、1アクション
□ 5　案内中は、ペアの相手に触れません
□ 6　道から外れたり、ぶつかるとやり直し
□ 7　目的地に着いたら、そこで役割交代
□ 8　目隠しをして、目的地を目指そう！
□ 9　お互いに目的地に案内できたら次のペアに

児　童　15分かなぁ？

| 児　童 | でも、ちょっと時間に余裕があったほうがいいよねぇ。 |

児　童　でも、ちょっと時間に余裕があったほうがいいよねぇ。

児　童　じゃあ……20分！

教　師　20分、皆さんで目標を決めましたよ。自分のお気に入りの場所
　　　　に友達3人を全員が案内します。3人終わったら、まだ終わっ
　　　　ていない人を見つけて5回でも6回でもOKです。たくさん
　　　　やればやるほど道案内は上手になっていきますよ！

学習の様子

〈Case ①　目的地、表現を思い出せないとき〉

児童A　I like basketball. My favorite place is……体育館ってなんて
　　　　言う？

児童B　the gym だよ、Gym、言ってみて、もう一回。

児童A　ありがとう。My favorite place is the gym！　Let's go to
　　　　the gym！

児童B　OK！　じゃあ案内始めるね。

　活動の中では、新しい単語や表現に次々と出合い、パッと思い出せな
いことがあります。授業の冒頭や活動中に、繰り返し練習する場面を設
けつつ、わからない友達がいたら、一緒に声に出したり練習したり、別
のペアに聞いてみることもOKにしておきます。大事なのは覚えるこ
とより、尋ねながらでも繰り返し表現していく姿勢です。

〈Case ②　道案内の途中、他のペアとぶつかりそうになったら……〉

児童C　Go straight. あ、前からEさんが来た！　このままじゃぶつかる！

児童D　ん、どうするといい？　どうしたらいい？

児童C　あ、Stop！　Stop！うーんと……

児童E　Cさんは私たちのほうに来たいんだよね？　じゃあ、どっちかに寄
　　　　ってすれ違えないかなぁ？　右にする？　Right でいいんだっけ!?

児童C　うん。Dさん Right！　あ、違う！　Turn でなくて、Right に
　　　　寄って！

児童D　Rightって右？　道から飛び出ない？　OK！？
児童C　OK、OK……お、Stop！　そこから小さく、Go straight……そうそう。

　たくさんのペアが同時にフロアを動くので、交錯が起こったときこそとっさの表現力を発揮するチャンスです。児童のやりとりを見つけて、どんどん紹介していきましょう。

評価・ふり返り

　評価については、児童それぞれが「今、何人目の相手と取り組んでいるのか」が見えるように配慮します。1箇所にネームプレートで回数を一覧にするのも方法ですが、人があふれる教室や広い体育館では、移動そのものが結構な負担になります。そこで、あらかじめ「お気に入りの場所」を書いておくワークシートをつくり、その一角にシールを貼るなどのチェック欄を設けてはどうでしょう。あるいは、1人案内するごとに名札などの身につけているものにシールを貼ったり、チェックを入れるなど……手持ちのものや身につけているものに達成状況を可視化することもできるのではないでしょうか。全員が楽しみながら表現を学ぶことで大切なのは、「やり足りない子」を確認できること、遠慮なく回数を増やしていく中で、やり足りていない子に気づける目印があることです。

　全体での評価は、児童同士の案内のデモンストレーションをランダム指名するように「先出し」しておき、指名された子に先生が案内してもらう方法があります。その際には、インタビューとして、

教師　Where is your favorite place?　児童　My favorite place is the Music room.　教師　Why？　児童　Because I like to play the piano.

　などのやりとりをすることで、次の時間の「好きな場所発表」の導入につなげることもできます。

私の働き方改革

1日の終わりに「ふり返りのルーティン」を

　放課後にできた時間は、何かできそう！　と思えばきりがありません。しかし、時間は有限です。働く上では、家に帰って気分を切り替えたり休養したりすることも大切です。

　私の提案は、1日をどう終えるか。「1日の終わりに『ふり返り』を書くことを締めくくりのルーティンにする」ことです。これをすることにより、①1日の終わりを実感する活動になること、②自分の1日をメタ認知する時間ができること、③これを区切りにして、1日の仕事を終えるきっかけになること、といった効果が考えられます。

　私の場合、B5サイズのノートを半分に裁断したノートに、毎日1ページ、10分程度で心に残ったトピックをふり返ります。授業のこと、気になった人・出来事、思いついたアイデア……等々、その日の気づきや思いを書いていきます。1日に1ページ、時間も5分くらいから始めました。

　書き留めるものは、人によってはPC、スマホ、ブログなど、自分に合うもので良いと思います。大事なのは、ご自身が続けられる方法、分量、時間で毎日続け、ルーティンに組み込むことです。

　数週間続けていくと、自分の目が向くところ、意識が深まっているところが見えてきます。また、続けたことでルーティンを実感し、「これが終わったら帰ろう」、「これをやって今日は終わりにしよう！」と心身が仕事の終わりだと反応するようになります。

　無理せず、しかし、毎日淡々と続けていきます。その積み重ねがご自身の足跡になると同時に、退勤のセルフアラームになっていきます。

（前田考司）

3. 第5学年の『学び合い』授業実践事例

あいさつを通して
犯人さがしゲームを楽しもう

単元名	「Unit 1 Hello, everyone.」（8時間目／8時間扱い） 『We Can！ 1』文部科学省

目標	英語の自己紹介文を考えて、あいさつ犯人さがしゲームに参加することができる。
学習	(1) 自己紹介に使うことができる、自分が知っている英語の構文を確認する。 (2) 自己紹介文を考える。 (3) 班員と教師中心に、作成した自己紹介文が適切か確かめたり、友人の自己紹介文を参考に新たに加えたり修正したりする。 (4) 授業終了15分前までに作業を全員が終了し、「あいさつ犯人さがしゲーム」を行う。
評価	・級友と互いに英語で自己紹介を行い、最後に握手で別れる（ゲームに参加する）ことができる。 ・時間内に多くの級友と自己紹介を交わすことができる。

育成すべき資質・能力 三つの柱との関連	1）「何を知っているか、何ができるか（個別の知識・技能）」 　あいさつに相応しい構文を複数知っている。思い出せる。 2）「知っていること・できることをどう使うか（思考力・判断力・表現力等）」 　あいさつに相応しい構文をもとに自己紹介文を作成できる。 3）「どのように社会・世界と関わり、よりよい人生を送るか（学びに向かう力、人間性等）」 　作成した自己紹介文をもとに、自己紹介ができる。

第 2 章　小学校外国語の『学び合い』授業の実際

本学習にあたって

　英語の学習はコミュニケーションの基本でもある「自己紹介」から始まります。「自己紹介」はこれから 1 年間共に学んでいく自分を知ってもらったり、友達を知ったりすることができます。「英語」の授業開きと考えるだけでなく、学級づくりのきっかけにも使えます。

　本実践の特徴は、「自己紹介」をして、友達と「握手」をしなければ次へ進めないことになっているゲームで成り立っていることです。自己紹介を活用して大きな目的をもった単元構想を考えている場合は別ですが、自己紹介そのものの活動をもう少し実りあるものにして楽しく行いたいと考えている方にとって、本実践のような『学び合い』とゲームの組み合わせは 1 つの可能性を示していると考えます。

目標・学習・評価の設定

教　師　英語の学習をし始めたばかりですけどね。今まで学習した話し方を使いこなして自己紹介文をつくります。その後、その自己紹介文をもとに「あいさつ犯人さがしゲーム」というものを行います。自己紹介文をつくって、実際に自己紹介ができることがこのゲームに参加できる条件です。そして、このゲームに全員が参加できることがこの時間の目標です。ぜひ、一人ひとり、自分のため、友達のため、がんばって取り組んでください。

　この最初の教師の言葉の中で意識していることは「何をするのか（目標）」「そのための条件やルールは何か（学習）」「どうなったら目標に達成したといえるのか（評価）」を伝えているところです。これで、子どもたちは授業の枠が明確になり、安心し、目標に向かっていくことができます。

教　師　今まで学習した話し方で、自己紹介に使える文を友達と話し合いながらでもいいので確認しましょう。

　子どもたちと整理して以下が出されました。これらは、新学習指導要

3．第 5 学年の『学び合い』授業実践事例　75

領対応小学校外国語教材『We Can！』と重なりました。もちろん、学校の学びの様子でさまざまでしょう。

- Nice to meet you.
- Hello,I'm ～.
- My name is ～.
- What （sport） do you like? I like～.
- What do you want? I want～.

教　師　自己紹介に使える話し方はみんなの前で確認できました。自己紹介づくりに入ります。自分に合った自己紹介文をつくってください。もちろん、みんなが自己紹介文を完成して、全員で自己紹介文を使ったゲームに参加できるようにしたいので、いろいろと相談、協力してくださいね。この授業時間の終わり15分前になりましたら、自分の席に着きましょう。それまでは、言い方の練習やまだ自信のない友達への協力をしましょう。ゲームのルールはゲームを始めるときに伝えます。それでは始めてください。

　本時の授業の評価となる「ゲームの（ルールの）説明」はここでは行いませんでした。ここでゲームの詳細を話してしまうと、自己紹介よりもゲームに気持ちが向いてしまう恐れがあること、自己紹介文を作成して全員がゲームに参加することが本時の授業の到達点であることは伝えていることから「目標・学習・評価」の後出しジャンケンにはならないという判断です。

学習の様子

　直後から次の様子が見られました。例えば、「一人で今までの学習をもとに黙々と自己紹介を書き出す子」「まずは、どういう風にしてみる？と前後左右の子どもたちに様子を聞いてみる子」「とにかく、歩き出して

何やら書き出している友達の活動を観察する子」などです。特徴的な会話を以下、書き出します。

〈ぼうっとしていて友達に声をかけられて始める子〉

児童Ａ　（なんとなく、教室前面を見ている）

児童Ｂ　（となりから）ね、まずは、ハローから始めるんじゃないかな。何も思い浮かばないんだったら、そこから始めなよ。ゲームに参加できなくなっちゃうよ。

児童Ａ　あっ、そうだった。ありがとう。うん、ハローからだね。

　書き出しを教えてもらえたこと、ゲームに参加できなくなることを告げられたことで、児童Ａにやる気が出ました。

〈早めにできて、各自の自己紹介を確かめ合う子〉

児童Ｃ　自己紹介文できた？

児童Ｄ　うん、一応。

児童Ｃ　じゃあさ、ちょっとやってみよう。

児童Ｄ　うん。

　日常はあまり会話をしない二人でしたが、ちょうど互いに自己紹介文ができたと言うことを知り、ポツポツと自己紹介の練習を始めました。自己紹介文をつくっていたこと、ゲームに参加するという目的があったことでこの場面が生まれたとも言えます。

評価・ふり返り

教　師　授業終了15分前に全員席に着きました。準備ができたようですね。素晴らしいです。では「あいさつ犯人さがしゲーム」を行います。ルールは以下です。

1．探偵役を一人くじで決めて、犯人が決まるまで廊下に出ている。
2．残り全員が机に顔を伏せて教師が任意に一人の背中を軽く触って犯人役を決める。
3．探偵役を教室前面に招き入れる。
4．互いに自己紹介を始める。
　※最後に、Nice to meet you.と言って、握手をして別れる。
5．犯人役の人は何人かと自己紹介をする中で、握手の際、中指を使って相手の掌をつっつく（または掻く）。
6．犯人役につっつかれた人は心の中で30を数えた後、床に倒れる。
7．探偵役は倒れていく人たちを見て、犯人役を当てる。その際、大きな声で「I understand！」と言う。
8．3回まで挑戦できる。当たったら、探偵役、犯人役を代えて行う。

　事前に自己紹介文を全員が作成していたので全員参加できました。
　また、握手をするということが新しい学年

学級になった子どもたちにとって、とても新鮮でかつ親密な感じを与えます。
　外国語活動が導入されたとき、活動（ゲーム）ばかりと揶揄する声があると耳にしたことがあります。しかし、「コミュニケーションを図る基礎となる資質・能力を育成することを目指す」のであれば目的を明確にしたゲーム活動は有効な進め方の1つと言えます。

私の働き方改革

　「働き方改革」の中で、評価のポイントとなるのはなんといっても勤務時間でしょう。私は、平成元年から平成27年度まで公立の小学校教員として働いてきました。結果、初任の３年間を除き、基本、退勤時刻後、30分以内に退勤していました。この間、教務主任を合計６年間ほど務めましたが、このときも同様に退勤時刻後、30分以内に退勤していました。このことを教育関係の知人に話すと、「どうしてそんなことができるの？」と問われます。どうしてでしょうか。私は無理した覚えはありません。もしかしたら、私が「空気を読めない人間」で「仕事していたつもり人間」で周囲に迷惑をかけていた可能性は否定できません。ここに関しては客観的に見ることが難しいですからね。しかし、そうでなかったとしたら以下が最大のポイントだと考えます。

時間内にやるべきことだけをやれる範囲でやっていた

　学校の仕事は人間（子ども、保護者、地域の方、同僚）と接していくという仕事の都合上、終わりが見えません。例えば、子どもたちのノートをチェックする作業にしても、印を押すだけか、一言言葉を添えるか、文章として書き加えるか、で時間がまったく変わってきます。いくらでもやれるのです。

　ですから、「終わり」を決めます。「最低限」で割り切ります。たくさんやればその対象（子ども、保護者、地域の方、同僚）に伝わるかというとそのときどきです。これを続けるためにも以下のようなコツがあります。

・１年後半年後１ヶ月後等の先を考えながら少しずつ手をつけていく。

・やらなくてもいいものには手をつけない。

・効果があるもの、やりたいものに集中的に力を注ぐ。

・子どもが行うべきことは子どもにしてもらう（過保護にならない）。

（阿部隆幸）

3. 第5学年の『学び合い』授業実践事例

"HOMEKOTOBA" for you

単元名	「Unit 5 She can run fast. He can jump high.」 （7時間目／8時間扱い） 『We Can！ 1』文部科学省

目 標	友達について、できることを中心に紹介する。
学 習	(1) Greetings and Warming up (2) Sounds and Letters "ABC チャンツ"（mpi） (3) STORY TIME "I LIKE ME!"（Nancy Carlson、 Puffin） (4) Today's Goal（本時のめあて） (5) Small Talk: I like me!（先生の良いところ紹介） (6) Activities ①友達の良いところを英語で書く 　　　　　　　②友達の良いところを英語で伝える (7) Comments and Greetings
評 価	友達について、できることを中心に、気持ちや考えも含めて伝えている。

育成すべき資質・能力 三つの柱との関連	1）「何を知っているか、何ができるか（個別の知識・技能）」 　　自分や第三者について、できることやできないことを聞いたり言ったりすることができる。また、文字には音があることに気づく。 2）「知っていること・できることをどう使うか（思考力・判断力・表現力等）」 　　自分や第三者について、できることやできないことを、考えや気持ちも含めて伝え合う。 3）「どのように社会・世界と関わり、よりよい人生を送るか（学びに向かう力、人間性等）」 　　他者に配慮しながら、自分や第三者についてできることやできないことなどを紹介し合おうとする。

80

第2章 小学校外国語の『学び合い』授業の実際

本学習にあたって

　本単元では、三人称に初めて出会います。しかし、三人称単数形の動詞変化をここで扱うことは、小学生には負荷が大きいです。そこで、本単元では can とともに扱うことで動詞変化を回避しているのです。また、児童が can を使ってできることを紹介し合ったり、相手ができることを認め合ったりする活動を通して、学級が学習集団へと高まることも期待されます。

　しかし、例えば私が勤務する自治体の「生活・学習状況調査」では、自己肯定感を問う「自分には、いいところがあると思う」の回答が、東日本大震災以降どの学年も低下し、なかなか回復しない状況です。他国と比較しても、日本の子どもたちのセルフ・エスティームが低いことは常に問題視されています。「can を使ってできることを紹介しよう」と課題を提示しても、なかなか紹介文が書けない児童が多いことでしょう。そこで、「友達から教えてもらう」という活動を設定します。

　新学習指導要領においては、外国語科について「言語活動で扱う題材は、児童の興味・関心に合ったものとし、国語科や音楽科、図画工作など、他教科等で児童が学習したことを活用したり、学校行事で扱う内容と関連付けたりするなどの工夫をすること」としています。これは言語と内容を統合した外国語教育を志向する CLIL（Content and Language Integrated Learning）の考え方にもつながります。本単元では、「道徳科」における「Xからの手紙」（無作為に渡された、宛名が書かれた手紙にその人の良いところを書き、送り主の正体は明かさないまま本人に返す活動）などと関連づけて実施しました。can の後に続く一文は、テキストで学習した英語表現のみでは、十分に英訳できない可能性があります。「Google 翻訳」などのアプリを活用させ、自由に学び合う時間をつくることで、友達の良いところを英語で書いたり話したりすることも可能になります。

3. 第5学年の『学び合い』授業実践事例　81

目標・学習・評価

（3） STORY TIME "I LIKE ME!" (Nancy Carlson、 Puffin)

　この絵本は、"I like me!"と子ブタの女の子が自分の好きな部分を数え上げていくお話で、セルフ・エスティームを教えてくれる内容となっています。ページをめくるごとに、クラス全員で"I like me!"と言いながら、絵や教師のジェスチャーを頼りに絵本を読み進めます。

教　師　素敵な女の子ですね。「どこへ行っても、何をしていても」（絵本の中の一文）、この子は「私はいつも私」（絵本の中の一文）と自分のすべてを認めているのですね。みんなにもこんな子になってほしいなぁ。そこで、これから can の表現を使って、自分のできることを英語で紹介する「オリジナル "I LIKE ME!" マンガ」を描いて、この子のように友達に自分自慢をしてみましょう。

児　童　えぇ。無理です。自分の良いところなんて書けません。

教　師　うん、いざとなると、自分の良いところってなかなか書けないですよね。尾形先生もね、〇〇先生から教えてもらいました。

（5） Small Talk: I like me!（先生の良いところ紹介）

教　師　〇〇 sensei says "You can study hard for students. Because……「尾形先生はクラスの子どもたちのために良い授業をしようと、いつもたくさんの本を読んで授業の勉強をしていますね。尊敬しています。」"（図1（後掲）の書き方例を示しながら）

児　童　おぉ～。

教　師　こんなことを言われるとうれしいよねぇ。can の後はこれまで学習したように一文で書きましょう。その後詳しい理由やエピソードについて、日本語で書いて伝えると説得力が増しますね。〇〇先生のほめ言葉をもとに、こんなマンガを描いてみました。

教　師　I can study hard for students.（図2（後掲）の漫画の例を示して）自分のことを書くから、You ではなく I となるのですね。

教　師　今日は④まで行いましょう。can の後の英文は、「Google 翻訳」を使って調べます。同じグループ以外の友達と自由に教え合ってもいいです。

「"HOMEKOTOBA" for you」のルール

① 4人グループを作る。
②他の3人について、「〇〇さん（君）は△△ができる人」とその人のできることや良さを、付箋紙に英語で書く（Google 翻訳活用）。
③添削も兼ねて、同じグループ以外の友達に、"He/She can help many friends. Because……勉強で困っているとき、〇〇君（さん）はいつも優しく教えてくれるからです。"などと伝える。
④グループに戻り、お互いのワークシートを交換する。相手のワークシートに付箋紙を貼り、詳しい理由を日本語で記入する。その後 "You can help many friends. Because……"などと伝え合う。
⑤友達からの英語のほめ言葉をもとに、"I can help many friends."などと自分の良さを紹介する英文を書き、マンガを完成させる。
⑥「オリジナル "I LIKE ME!" マンガ」発表会をする。

学習の様子

（6）Activities ①友達の良いところを英語で書く
〈英文作成の場面〉
児童A　Cくん、男女関係なく誰とでも会話できるんだ。平等な人だよね。
児童B　「あなたは男の子と女の子と会話ができる」って入力してみたら。
児童A　"You can talk with boys and girls." か。"talk with" ……? 何と読むのかな。
児童B　音声マークをクリックしてごらん。

検索の方法を教え合っている様子

〈英文添削の場面〉

児童A　Dさん、僕が作った文章を聞いてもらってもいい？　Cくんについて。"She can talk with boys and girls. Because……いつも男女関係なく誰とでも仲良く話していて、平等な人だと思うからです。" どうかな？

自然とグループを作り、お互いの発話を聞き合っている様子

児童D　Cくん、私にもよく話しかけてくれるからねぇ。分かるなぁ。「話しかける」って "talk with" って言うのね。あとさ、Cくんは男の子だから、She ではなくて He を使うといいよ。

（6）Activities ②友達の良いところを英語で伝える

児童A　You can talk with boys and girls. Because……Cくんは男女関係なく誰とでも仲良く話していて、平等な人だと思うからです。

児童C　I see. Thank you so much. I'm very happy.

評価・ふり返り

ワークシート（図1）を見ながら、児童の達成度を確認します。児童のふり返りでは、「自分の良いところを教えてもらえて嬉しかった。」「PCを使って、友達と自由に学び合う方が楽しい。」などとありました。次時では楽しそうにマンガを描き、発表していました（図2）。

図1

図2

第2章　小学校外国語の『学び合い』授業の実際

私の働き方改革

「担任レベルでのカリキュラム・マネジメント」

　「カリキュラム・マネジメント」ですべきことは、「カリキュラム・マネジメントの3つの側面」(論点整理)にまとめられています。私は、担任レベルで考えたとき、最初の項目に注目すべきだと考えます。

> ①各教科等の教育内容を相互の関係で捉え、学校の教育目標を踏まえた教科横断的な視点で、その目標の達成に必要な教育の内容を組織的に配列していくこと。

　どの先生方も、毎年勤務校の「学校教育目標」と照らし合わせながら、担任する学年の児童の実態を踏まえ、「学年目標」を立てることと思います。私は、その目標を、毎日の各教科・領域の授業においていかに達成できるかを、年間を通して考え続けることこそが、担任がすべき「カリキュラム・マネジメント」だと思っています。例えば、ある年に学年主任さんと考えた学年のテーマは、「グッドコミュニケーション」でした。そこから考えた「学年目標」は次の3つです。

　　　　　学び合い・認め合い・鍛え合い

　先に述べたように、私が勤務する自治体における児童・生徒の自己肯定感の数値は、東日本大震災以降どの学校も低下し、なかなか回復しないのですが、この年受けもった学年は、その平均値もさらに下回る結果だったのです。「授業を通して」児童がお互いに「学び合い、認め合い、鍛え合い」ながら、より良い「コミュニティづくり」をすることを通して、一人ひとりの「自己肯定感」を向上させることが、学年共通の目標となりました。

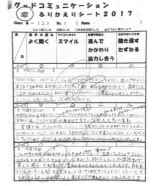

　目標達成のために作成したのが右図のシートです。あらゆる授業や行事の際に、右の4観点で児童にふり返りをさせ、ポートフォリオにし、学年で定期的に評価し、常に計画を練り直しました。

　　　　　　　　　　　　　　(尾形英亮)

3. 第5学年の『学び合い』授業実践事例

3. 第5学年の『学び合い』授業実践事例

あこがれの人について紹介しよう

単元名	「Unit 9 Who is your hero?」（8時間目／8時間扱い） 『We Can！ 1』文部科学省

目標	状況に応じて声の大きさや速さを変えながら、自分があこがれたり尊敬したりする人について、自分の意見を含めて紹介できるようにする。
学習	(1) Greetings & Warming up 　【Let's Chant】：Who is your hero? (2) 単元を通した目標について確認し、本時のめあてについて知る。 (3) Activitys 　①紹介するために必要な英語表現を、ALT の後につけて発話する。 　②【Activity 1】自分のあこがれの人を紹介する。（前半） 　③発表の仕方や聞き方のよさを共有する。 　④【Activity 2】自分のあこがれの人を紹介する。（後半） (4) 本時の学習のふり返りをする。 (5)【STORY TIME】映像資料を視聴し、紙面の英文を指で追いながら音声に合わせて言う。
評価	状況に応じて声の大きさや速さを変えながら、自分があこがれたり尊敬したりする人について、自分の考えや気持ちなどを、簡単な語句や基本的な表現を用いて話している。

育成すべき資質・能力　三つの柱との関連	1）「何を知っているか、何ができるか（個別の知識・技能）」 　得意なことの英語表現の仕方についてわかり、その表現を用いた読むことや書くことに慣れ親しみながら、自分があこがれたり尊敬したりする人について聞いたり言ったりすることができる。 2）「知っていること・できることをどう使うか（思考力・判断力・表現力等）」 　自分があこがれたり尊敬したりする人について、まとまりのある話を聞いて具体的な情報を聞き取ったり、その場で自分の意見を含めて質問したり紹介したりするとともに、音声で十分に慣れ親しんだ簡単な語句や基本的な得意なことの英語表現がわかり、例を参考に語と語の区切りに気をつけながら書き写すことができる。 3）「どのように社会・世界と関わり、よりよい人生を送るか（学びに向かう力、人間性等）」 　自分があこがれたり尊敬したりする人について、他者に配慮しながら、自分の意見を含めて伝え合おうとする。

第2章　小学校外国語の『学び合い』授業の実際

本学習にあたって

　本単元は、5年生の最終単元です。この時期の5年生は、4月から始まる最高学年に向けて、委員会活動や縦割り掃除など、6年生から多くのことを学び取ろうとする意欲にあふれています。加えて、将来の夢など、自分自身の方向性を考え始める時期でもあります。この時期に、自分があこがれたり尊敬したりする人を紹介し合う活動に取り組むことは、児童の実態に合致するとともに、「紹介したい」「友達がどんな人にあこがれているか知りたい」などの意欲を高めやすい単元と言えます。

　また、あこがれの対象がそれぞれ違うため、最高学年になるためにはどのようなことが必要なのかを聞く必然性が自然に生み出しやすい活動と言えます。さらには、自分以外の第三者について伝える学習となることから、"相手に配慮しながら"伝えようとする姿も期待できる学習です。

　実際の指導においては、単元の始めに、教師の紹介モデルを示すことで、単元のゴールをイメージできるようにします。教師モデルは、"父親"と"プロ野球選手"など、身近な人と有名な人の2種類紹介することにより、紹介する対象の幅の広さをつかめるようにします。紹介の仕方は、あこがれの人の写真を提示しながら、裏側に書いた紹介文をもとに伝えていきます。紹介文をもとに伝え合うことで、児童が文章を書く目的や必然性を一層生み出せるようにします。

　また、あこがれの人の紹介に向けて、文部科学省教材『We Can！1』の"Let's Watch and Think"を視聴することで、発表の仕方のイメージをつかんだり、声の大きさや速さなどの工夫に着目できるようにしたりします。

目標・学習・評価

　この学習では、「状況に応じて声の大きさや速さを変えながら、自分があこがれたり尊敬したりする人について、自分の意見を含めて紹介できるようにする」というねらいを達成するために、まず、前時までに「一定

3．第5学年の『学び合い』授業実践事例　87

の声の大きさや速さでは何を一番言いたいのか伝わりにくい」ことを認識した経験から、声の大きさや速さを工夫する必要があることを児童の前時のふり返りから引き出します。どのような工夫ができそうか、授業の始めに個人の目標を紹介したり、Half Time で工夫する児童を紹介したりすることで広めていきます。一番伝えたいことをゆっくり言ったり、大きな声で言ったりすると伝わりやすいことを、やりとりを通して実感できるようにしていきます。本学習の評価は、主に、Activity の場面における児童の交流の様子をもとに行動観察により行うとともに、ふり返りの場面におけるふり返りシートをもとに紙面分析でも行っていきます。

学習の様子

〈①前時の児童のふり返りから、本時のめあてを設定する〉

教　師　今日は何をしますか。
児　童　あこがれの人を紹介し合う。
教　師　そうですね。前回は何をしましたか。
児　童　ペアの友達に伝えてお互いにアドバイスし合いました。

教　師　そうですね。前回のふり返りを紹介します。
　　　　「前回、友達から"Pardon?"と何回も尋ねられました。相手に伝わるように気をつけたいです。」
　　　　ではみなさん、今日はどんな目標を立てますか。
児　童　"できること"や"性格"の言葉をゆっくり言いたいです。
児　童　He can play soccer.の"soccer"を強く言いたいです。
教　師　そうだね。相手に伝わるように"話す速さ"や一番伝えたい部分の"声の大きさ"に気をつけられるといいですね。

〈② Half Time で声の大きさや速さを工夫する児童の姿を広げる〉

教　師　Aさんは、She can cook well.の"well"を強く言っていました。どうしてAさんは"well"を強く言ったと思いますか。

第2章　小学校外国語の『学び合い』授業の実際

児　童　"上手"だということを一番伝え
　　　　たかったから。
教　師　Aさん、どうですか。
児童A　はい。（頷く）
教　師　（ジェスチャーしている写真を示
　　　　しながら）Bさんは、He is
　　　　great.と言うときに、親指を使ってジェスチャーをしながら
　　　　"great！"と大きな声で言っていました。一緒に交流していた
　　　　Cさん、どう感じましたか。
児童C　お父さんがすごい人だということ
　　　　がとてもよく伝わりました。
教　師　他に、工夫しているなと思った友
　　　　達はいませんか。
児童D　Eさんが、「He is very very very kind！」と、"very"を何回
　　　　も言っていて、とても親切だということが伝わってきました。
教　師　なるほど。そうすると、親切だということがよく伝わりますね。
〈③ Half Time で気づいた視点を交流で実践する〉
児童F　「He is my hero. He is Nishikori Kei. He is good at
　　　　tennis. He can spin shot very very very well.」
児童G　「Oh！ It's great！（親指を使ってジェスチャー）」

　教師が Half Time で捉えた児童Aのよさを全員に伝えることで、「一番伝えたいところを強く大きく言うと伝わりそう」だということに子どもたちは気づいていきました。また、児童Bの交流相手の児童Cにどう感じたか尋ねることで、ジェスチャーを交えて一部を大きな声で言うと伝わることにも気づいていきました。さらに、他に工夫している人はいないか問うことで、個々が捉えた友達の良さを引き出し広げていきました。Half Time 後の交流では、相手に伝わるよう強調や繰り返し、ジェスチャーを交えて交流する姿も見られてきました。

評価・ふり返り

教　師　（ふり返りシートの記述を終えて）ふり返りシートを紹介して下さい。

児童H　Lさんが、「He can run fast. Very very fast.」と"very"や"fast"を強調して言っていて、その選手がとても速いことがよくわかりました。

児童I　前回は、「Pardon?」と聞き返されたけど、今日ゆっくり言うことに気をつけると、「I see.」と言ってもらえました。1回で伝えられてうれしかったです。

本時で使用したふり返りシート

児童J　Mさんが、「Great!」「Fantastic!」と大きな声で言っていました。その人のことをとてもすごいと思っている気持ちがよくわかりました。

児童K　Nくんが、バスケットボールが好きでマイケルジョーダンにあこがれていることを初めて知りました。サッカーが好きなことは知っていたけど意外でした。知ることができてよかったです。

　声の大きさや速さを工夫したり、繰り返しやジェスチャーを交えたりするよさに交流を通して気づくことで、紹介する友達のあこがれの人に対する思いの強さを知ることができました。そして、それは「意外だった。」「やっぱりOさんは〜にあこがれているんだ。」と、児童の相互理解へもつながっていきました。これは、単元の最初に「あこがれの人を紹介したい」「友達のあこがれの人について知りたい」という目的意識や相手意識をもつことができていたからだと思います。単元の最初に児童が目的意識や相手意識をもつことで、単元を通して意欲が継続し、つけたい力の高まりへとつながることを改めて感じました。　　　（益戸順一）

《働き方改革と外国語の授業づくり　その３》

つくった教材をシェア！

　67頁でも述べたように、指導案は昨年度作成したものや文部科学省が作成したものをベースにし、一から作成しなくて済むようにしています。それらはすべてデータ化し、職員は誰でも見ることができるようにしています。また、授業で使った掲示物は毎年使えるようにラミネートし、学年別に整理して残します。数年前はラミネーターが活躍していましたが、最近はあまり先生方が使う姿を見なくなりました。うまく使い回している証拠でしょう。

　授業で毎回使う（意識的に使っている）Classroom English 掲示用資料はデータ化し、年度の初めに担当が全学級分拡大コピーをして配布します。１年間学級に掲示し、子どもも教員もいつでも見られるようにしています。

　つまり、外国語の授業で使う物は職員が個々に作成することはなく、

- ・全学級で使う物は担当が一括して作成
- ・学年部で使う物はその単元の担当が作成または作成を分担
- ・毎年使う物はデータ化やラミネートして残せる状態で残す

ということをしています。ちなみに、掲示物等教材は外国語教室に専用の棚を作成し、一括保管しています。

　Classroom English 掲示用資料は下図のような物が４種類あり、本校のホームページからもダウンロードが可能です。　　　　（山田眞由美）

＊本資料の著作権は、大分大学教育学部附属小学校にありますが、学校での教育利用目的に限り、特に断りなく使用することができます。

4. 第6学年の『学び合い』授業実践事例

夏休みの思い出を紹介し合おう

単元名	「Unit 5　My Summer Vacation」（7時間目／8時間扱い） 『We Can！2』文部科学省

目標	ALTの先生を含めた5人以上の人と、お互いの夏休みの思い出について、過去の表現を使った英語で短い会話をすることができる。

学習	(1) あいさつや歌、チャンツでの導入 (2) 自分の夏休みの思い出に関する質問を考える。 (3) 友達と、夏休みの思い出を紹介し合う。

評価	・過去の表現を使った英語で、夏休みの思い出を紹介することができる。 ・これまでに学習した表現を用いて、質問したり答えたりすることができる。

育成すべき資質・能力 三つの柱との関連	1)「何を知っているか、何ができるか（個別の知識・技能）」 　過去の出来事を表現する言葉の意味や使い方を知っている。 2)「知っていること・できることをどう使うか（思考力・判断力・表現力等）」 　学習したことを使って、お互いの夏休みについて紹介し合う会話をすることができる。 3)「どのように社会・世界と関わり、よりよい人生を送るか（学びに向かう力、人間性等）」 　自分の経験について他者に紹介したり、他者の話を聞いて質問に答えたりすることで、親しみのある人間関係を築くことができる。

第 2 章　小学校外国語の『学び合い』授業の実際

本学習にあたって

　この単元では、過去の表現を理解し、それを使った簡単なやりとりができることを目標としています。児童にとって、学習の必然性が増すように、夏休みの思い出を交流する活動を通して、過去の表現を学びます。そのため本単元は、前半を夏休みに入る前、後半を夏休みの後に実践し、本時は夏休み明けすぐに実施するとよいでしょう。

　また、外国語の学習は、話す活動と聞く活動が別々に設定されがちで、双方向のコミュニケーションを生み出しづらいことがあります。本学習では、「話す」「聞く」という言語活動のつなぎ目として、話の最後に質問をつけることに慣れさせるように工夫しています。

　外国語の授業で用いられる音声教材は、主にデジタル教科書や CD 等です。このような教材は、一斉指導で同じ語句を指導する際には指導の助けになります。しかし、個人の理解や進度に合わせて繰り返して聞いたり、用いる語句が児童によって個別のものとなったりする学習活動の指導には適していません。そこで、この授業では ICT 機器を活用して、子どもたちの表現意欲を学習活動に結びつけることができるように工夫しました。

目標・学習・評価

　前時の学習で、児童は次のような過去の表現を学び、簡単な夏休みの日記を書いています。(「I went to」「I enjoyed」「I saw」「I ate」「It was」)

　本時の学習は、自分の夏休みの日記の内容をもとに質問を考えるところから始まります。

教　師　今日の目標は、「ALT の先生を含めた 5 人以上の人と、お互いの夏休みの思い出について、過去の表現を使った英語で短い会話をする」です。学習の流れは、この通り（ディスプレイやス

4.　第 6 学年の『学び合い』授業実践事例　　93

クリーンに投映）です。質問は、これまでに学習した「Can you～？」「Do you like～？」を使って考えてください。1つ考えられた人は、2つ目や3つ目を考えても構いません。クラスの全員が質問を考え終わったら、紹介し合う活動に入ります。紹介し合う活動で目標を達成した人は、ネームプレートをOKゾーンに移してください。全員のネームプレートが貼られたら、ふり返りを書きます。いつも通り、わからないことは相談したり、ALTの先生に質問したり、タブレットで調べたりして構いません。何か質問はありますか。

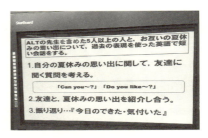

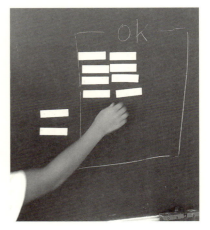

児　童　ありません。
教　師　では、始めてください。

学習の様子

〈質問を考える〉

児童A　なんて質問するか決まった？
児童B　僕は、野球の応援にたくさん行ったから、「Do you like baseball?」にしたよ。Aくんは？
児童A　まだ、思い浮かばないんだよね。

第2章　小学校外国語の『学び合い』授業の実際

児童C　夏休みの思い出は、なんて紹介するの？
児童A　I went to camp.
児童C　あとは？
児童A　I enjoyed fishing.
児童C　じゃあ、「魚釣りはできますか？」って聞いたら？
児童A　そっか、英語だとなんていうの？
児童B　タブレットで、調べてみたら？
児童A　「Can you fish ?」だって。
児童D　これ、なんて言うの？　音声聞いた？
児童A　まだ。聞いてみる。（タブレットの音声に続いて）「Can you fish ?」

　タブレットで使用できる翻訳ソフトの多くには、音声機能がついています。この機能を活用することで、一人ひとりが使いたい単語の発音を知ることができます。

〈夏休みの思い出を紹介し合う〉
児童D　先生、みんな質問を考え終わりました。
教　師　思ったより早く考えられたね。では、紹介し合う活動に入っていきましょう。

　教室の前のディスプレイには、この活動の流れや、ちょっとした一言例を投映します。

児童E　Hello.
児童F　Hello. How was your summer vacation ?
児童E　I went to fireworks festival. I saw many fireworks. I ate cotton candy.
児童F　What is cotton candy ?
児童E　It is 「わたあめ」. Do you like cotton candy ?

児童F	Yes、I do.
児童E	How was your summer vacation？
児童F	I went to the Granny's house.
児童E	What is Granny's ……
児童F	Granny's house. It is「おばあちゃん家」.
児童E	Ah.
児童F	I enjoyed barbecue. I ate meat. It was delicious. Do you like barbecue？
児童E	No、I don't. I like fish.
児童F	All right. Thank you.

　教師は、全体を見渡しながら支援を行います。支援は、発音や言葉などのアドバイスではなく、「聞いてみたら？」「調べてみたら？」のような活動方法についてのアドバイスを重点的に行うとよいでしょう。

評価・ふり返り

　全員のネームプレートが、OK エリアに移ったら、交流できた人数を尋ねて、量的な成果を確かめます。その後に、ふり返りを書きます。

　その際、「個別の知識・技能」「思考力・判断力・表現力等」「学びに向かう力・人間性等」の観点を評価できるように、記述させるのがよいでしょう。

　私は、その日の学習目標によって「今日のわかったこと・できたこと」や「今日の気づいたこと・工夫したこと」というテーマで、３行程度のふり返りを書かせています。

　このふり返りがあることで、「５人以上の人とのやりとりを達成できた」という学習の結果だけではなく、それぞれの児童がどのようなことを考えたり工夫したりしながら活動していたのかという学習の過程も把握して評価できます。

私の働き方改革

『学び合い』の考え方から働き方を考える
―子どもとの同僚性を育む―

　『学び合い』の考え方では、「学校は、多様な人とおりあいをつけて自らの課題を達成する経験を…中略…より多くの人が自分の同僚であることを学ぶ場」[*1]です。経験を通して学ぶのは、子どもたちです。

　しかし、学校の課題や学級の課題を解決するのは教師だと思っている方が多い気がします。いくら大人とはいえ、一人の人間ができることには限りがあります。教師の働き方に課題があるのであれば、教師と子どもは同じ課題解決を目指して協働し合う、同僚であるということを認識し、子どもとの同僚性を育みましょう。

―課題と目標を共有しよう―

　まずは子どもたちと、同僚関係を築くことに納得してもらえるように話をしましょう。子どもたちは、教師に「してもらう」ことに慣れきっていることもありますので、丁寧かつ誠実に説明をすることが必要です。

　その後は、あらゆる課題と目標を共有します。行事の準備は、職員会議の要項を子どもにも配布して行います。教育計画を子どもも閲覧できるようにすると、学習の見通しを共有できます。いじめ指導計画も子どもたちと共有すると、いじめの定義やいじめの危険性を子どもたちも感じられます。

　また私は、学級生活に関するアンケート結果を、子どもたち自身に提示して、そこから課題と解決策を考えさせています。そうすることで子どもたちは、課題を自分事として捉えて解決しようとしていきます。

　学級経営も授業と同じで、課題と目標を子どもと共有することで、子ども主体のものになります。同僚の立場や上司の立場として、子どもたちと協働しながら課題を解決していくことで、働き方も改善されていきます。

（菊地南央）

---

*1　西川純『クラスが元気になる！『学び合い』スタートブック』学陽書房、2010年、42頁。

4. 第6学年の『学び合い』授業実践事例

英語劇をつくろう

単元名	「Lesson 7　We are good friends. オリジナルの英語劇をつくろう」 『Hi, Friends！2』文部科学省（『We Can！2』の「Unit 7　My Best Memory」において、それぞれの思い出を劇化するのも良い。）
目標	訳したい日本語を翻訳機能アプリを使い英語に翻訳し、桃太郎の英語劇をつくることができる。
学習	(1) 桃太郎のシナリオを英語に翻訳して英語劇をする課題を知り、タブレット型端末の翻訳アプリの使い方を知る。 (2) 班ごとに桃太郎の日本語のシナリオを英語に翻訳して英語を聞き取り、発話練習をする。 (3) より相手に伝わりやすくするためのジェスチャーを考え、グループごとに英語劇の練習を行う。 (4) ALT に桃太郎の英語劇のシナリオを聞いてもらい、正しい英語か確認をする。 (5) 班ごとに桃太郎の英語劇の発表を行い、感想を交換し合う。
評価	相手に自分の伝えたい内容をわかりやすく、英語やジェスチャーで伝えることができる。

三つの柱との関連 育成すべき資質・能力	1）「何を知っているか、何ができるか（個別の知識・技能）」 　　自分の伝えたい内容を英語で伝えることができる。 2）「知っていること・できることをどう使うか（思考力・判断力・表現力等）」 　　相手によく伝えるために、どのようにしたらよいか考える。 3）「どのように社会・世界と関わり、よりよい人生を送るか（学びに向かう力、人間性等）」 　　自分の伝えたいことを、進んで英語やジェスチャーを用いて相手に伝えようとする。

本学習にあたって

　この単元は、『Hi, Friends! 2』に掲載されている「Lesson 7　We are good friends.」の桃太郎の英語劇を演じることをとおして、英語に慣れ親しむことをねらいとしています。桃太郎の物語をもとに、自分たちで考えた台詞やジェスチャーを取り入れてオリジナルの音読劇をつくり、演じました。英語劇は、人前で身振り手振りをしながら表現するだけでなく、英語で話をしなくてはいけないので、子どもにとってはかなり抵抗感を感じるものです。子どもたちに自信をもたせ取り組ませるためには、一人ひとりが英語の発話練習を十分に行わなければいけません。

　そのため、全員に自信をもって英語を発話させるため、指導者が一人ひとりの苦手な発話部分に付き添い、繰り返し練習をさせる必要があります。しかし、多くの学校では、担任1人、よくてもALT 1人がつく形で外国語や外国語活動を進めなくてはいけません。また、決められた時数の中で、十分な練習時間を確保するのは難しいです。

　そこで、翻訳アプリをインストールしたタブレット端末を用意しました（実際に使用した機種とアプリは、iPadとgoogle翻訳です）。班に1台ずつ配り、子どもたち自らが訳したい言葉を翻訳アプリを活用して英語に変換できるようにします。翻訳アプリは、翻訳した言葉や文章について文字だけでなく、音声も確認できます。班の友達同士で訳された言葉を聞き合い、互いに確認し合います。

Google翻訳の操作画面

聞き取れなかった場合は何回も再生を行って聞き取り、自分たちが納得して自信をもつまで繰り返します。また、聞き取った英語を発話する際にも、互いにアドバイスしながら確かめ合います。物語をいくつかの場面に分けて、複数の班で担当するようにします。全部の班が劇をし

て物語を完成させることにより、学級の一体感と成就感を味わわせるようにします。また、45分間の1単位授業ではなくモジュール時間を活用して60分授業にします。

目標・学習・評価

教　師　これから、オリジナルの桃太郎の英語劇をつくります。身振り手振りも入れて、実際に英語劇をします。

児　童　えー、無理だよ。

教　師　どうしてですか。

児　童　だって、英語がわかんないし、上手くしゃべれないもん。

教　師　そこで、皆さんの強い味方を用意しました。

＊ここで、子どもたちにタブレット端末を提示して、日本語を英語に翻訳して音声を再生する姿を見せます。

児　童　すげー。これだったら、俺でもできそう。

＊ここで、班ごとにタブレット端末を配付して、端末の使い方と翻訳アプリの使い方を確認させます。また、桃太郎の3つの代表的な場面（桃太郎誕生の場面、鬼退治に行く仲間と出会う場面、鬼退治をする場面）を提示して、担当する場面を班ごとに決めさせます。台詞は、わかりやすくするため、多くならないようにすることを伝えました。

教　師　では、班ごとに分かれて、担当する場面の台詞を考えて英語に翻訳します。翻訳したら、英語で発話したりジェスチャーを考えて身振り手振りをつけたりしてください。皆さんには、45分間あげます。何か質問はありますか。では、始めてください。

学習の様子

　次の場面は、「川で洗っていました。」という劇の台詞を英語に訳している場面です。

児童A　　川で洗っていました。（アイコンをタップ）

TABLET	"was washed in the river."
児童A	ウォル、ウォル。
児童B	ウォル、ウォル、ワッシュ、ワッシュ。（アイコンをタップ）
TABLET	"was washed in the river."
児童C	ウォル、ワッシュド、ウォルワッシュド、ワッシュド、あっ、わかった。ウォッシュだ。ウォッシュだよ。

　初めは「ウオッシュ」が聞き取れませんでした。しかし、再生を繰り返しながら友達と協力することで、担任やALTに頼らずに英語に翻訳して聞き取ることができました。

　また、次の場面は「お酒」を英語に訳している場面です。

班ごとに分かれて翻訳活動を行っている様子

児童D	お酒。（アイコンをタップ）
TABLET	"Alcohol"
児童E	アルコールじゃね？（アイコンをタップ）
TABLET	"Alcohol。"
児童D	アルコホール。
児童E	アルコホールだって。
児童F	へぇ～、ちがうんだ。

タブレット端末の周りに学習者が集まって翻訳する様子

　「お酒」を英語に訳する活動の中で、「アルコール」という外来語と元々の英語の発音が違うという言葉の気づきも促しました。

　どの班もタブレット端末の翻訳アプリを使い、日本語を英語に訳して発話練習をしていました。また、訳した英語については、別時間にALTからチェックをしてもらい、不自然な場合は修正をしてもらいました。

評価・ふり返り

　すべての班が自信をもって桃太郎の英語劇を演じることができました。授業の終わりに、学びのふり返りを行いました。子どもたちは、次のように答えています。

・英語が苦手でも、タブレットを使えば、英語の内容や意味が理解できるので便利だなと思いました。
・タブレットがあれば、できないわからない英語をすぐに聞いて言うことができるので良かったと思います。「英語」についての不安がまったくなくなりました。

　初めは、英語劇に対して不安をもっていましたが、タブレット端末の翻訳アプリを使うことにより不安を払拭して、進んで英語に慣れ親しもうと取り組む姿が見えました。英語に対しての抵抗感が下がるのと同時に、英語に対しての意欲関心が高まりました。

英語劇の様子

私の働き方改革

　世の中では「働き方改革」が声高に叫ばれていますが、教師も心身ともに健康で過ごすためには、ワークライフバランスを整える必要があります。小学校でも日々の教育活動を含め、学校におけるすべての業務を見直し、無駄を省き、さらなる教育の質を高めることが求められています。

　しかし、新学習指導要領では、小学校3・4年生に外国語活動、5・6年生に外国語が導入されました。多くの教師は、大学の教員養成課程で外国語の指導方法は学んでおらず、各県市町村の研修を受けたり、個人で研修会に出かけたりして学んでいます。

　さらに、外国語の場合は、日本語と違い語彙や発音についても気にかけなければならず、外国語活動や外国語を担当する教師は事前に多くの準備をしなくてはいけません。

　そこで、外国語活動・外国語にタブレット端末などの ICT を積極的に導入することにしました。本学習では、タブレット端末の翻訳アプリを用いていますが、通常では、英語劇などで子どもが使いたい単語をその都度調べるようにすると、時間がかかってしまいます。

　しかし、タブレット端末の翻訳アプリを使えば、担任や ALT に頼らなくても、子ども一人ひとりが自由に学習を進めることができます。子どもの学び方の選択を保証し、主体的に学習を進めることができます。

　ぜひ、外国語活動・外国語に ICT を取り入れてみてください。

（林　俊行）

4. 第6学年の『学び合い』授業実践事例

小学校の思い出を英語で伝え合い、卒業文集に掲載しよう

単元名	「Unit 7 My Best Memory」（2時間目／8時間扱い） 『We Can！ 2』文部科学省

目 標	学校行事についての話を聞いて内容がわかり、好きな行事が何か尋ねたり、その理由とともに答えたりすることができるようにする。
学 習	(1) Greetings & Warming up 　　①【Let's Chant】　②Small Talk　③絵カード並べ (2) 単元を通した目標について確認し、本時のめあてについて知る。 (3) Activities 　　①【Let's Listen】登場人物の話を聞き、行事の下に番号を記入する。 　　②【Let's Read and Write】ALTによる音声を聞き、繰り返し慣れ親しんだ後、好きな学校行事を尋ね合う英語表現を書き写す。 　　③【Let's Talk】どの学校行事を選ぶ友達が多いか事前に予想した後、好きな行事について尋ね合い、絵の下に友達の名前を記入する。 (4) 本時の学習のふり返りをする。
評 価	好きな学校行事について尋ね合う表現についてわかり、表現の一部を他よりも強調して、簡単な語句や基本的な表現を用いて伝え合っている。

育成すべき資質・能力 三つの柱との関連	1）「何を知っているか、何ができるか（個別の知識・技能）」 　　過去の英語表現の仕方についてわかり、その表現を用いて、心に残っている学校行事について聞いたり言ったりすることができる。 2）「知っていること・できることをどう使うか（思考力・判断力・表現力等）」 　　簡単な語句や基本的な過去の表現で話される英語を聞いて、その概要を捉え、自分の考えや気持ちを伝え合うことができる。 3）「どのように社会・世界と関わり、よりよい人生を送るか（学びに向かう力、人間性等）」 　　心に残っている学校行事について、他者に配慮しながら、主体的に英語を用いて伝え合おうとしている。

第2章 小学校外国語の『学び合い』授業の実際

本学習にあたって

　本単元は、おおよそ12月〜１月に扱う単元であり、６年生にとっては卒業に向けた"文集制作"を始める時期ではないでしょうか。その文集を英語で制作することは、６年間の小学校生活を改めてふり返ることのできる良さに加え、これまでの英語学習の集大成としてその成果を試すことができるなど、大きな意義と必然性を生むことができます。よって、児童の生活に英語が自然に入りやすく、主体的な学習展開が期待できる単元と言えます。

　指導においては、単元がもつ特徴を踏まえ、文集制作で実際に使う原稿用紙を用いることにより、本単元の学習の成果を児童の文集に直結させるようにします。それにより、児童が英語で文章を書く目的や意欲、必然性を高めると同時に、"文として残る""みんなで作り上げる"という意識から、友達との交流場面において一定の緊張感とやりとりの妥当性を感じ、やりとりや反応を丁寧に行えるようにします。また、学習に一層の主体性をもたせるために、文集の一部に I enjoyed field trip with ◯◯. などと"友達"を加えるようにすることで、伝え合うことでしか知り得ない楽しみや喜び、発見等を感じられるようにします。ただし、一度も名前が挙がらない児童が生じないよう指導側は十分に配慮するとともに、児童へも事前にその点を伝えることで、単元目標の学びに向かう力・人間性等に掲げる"他者に配慮しながら"を一層意識して学習できるよう考えました。

目標・学習・評価

　この授業では、「学校行事についての話を聞いて内容がわかり、好きな行事が何か尋ねたり、その理由とともに答えたりすることができるようにする」というねらいを達成するために、まず前時までの「My best memory is 〜.」という一方向的な表現では英語でやりとりが成立できないことから、尋ねる表現が必要であることを児童との対話を通して引き

4．第６学年の『学び合い』授業実践事例　　105

出します。その後、Let's Listen や Let's Read and Write の絵や音声をもとに、好きな行事を尋ね合う表現に慣れ親しみ、続けて Let's Talk において友達と理由をもとに好きな行事を尋ね合う授業展開としました。

　本学習の評価は、主に Let's Talk の場面における児童の交流の様子をもとに行動観察により行うとともに、ふり返りの場面におけるふり返りシートをもとに紙面分析でも行います。

学習の様子

〈① Warming up を終え、児童との対話から本時のめあてを設定する〉

教　師　（学習計画を指し示して）今日のめあてだけど、前回は何を学習したのかな？

児　童　いろんな学校行事の英語の言い方を勉強した！

教　師　そうだよね。どうしてだっけ？

児　童　卒業文集の１ページを英語のページにするため！

教　師　そうだね。では、今日は学習計画によると……。

児　童　みんなの好きな学校行事を、理由をつけて伝え合う！

教　師　どうして？

児　童　学習計画に書いてるし！　笑

教　師　そうだけど、これを学習するわけは？

児　童　文集に載せる内容が広がる！

児　童　「It was interesting !」とか、文集に書く英語の言葉が増える！

教　師　そうだよね。みんなで伝え合うことで、文集が華やかになりそうだし、添える英語の言葉もたくさん見つけられそうだね。じゃあ、今日のめあては「好きな学校行事について、理由をつけて英語で伝え合おう」でいいね。

〈②児童との対話から必要なキーセンテンスを導き出す〉

教　師　（Let's Listen を終えて）今、「My best memory is 〜.」のほかに、何か英語が聞こえたよね？

児　童　「What's your best memory?」だったかな？
教　師　これってどんな意味なのかな？
児　童　「あなたの一番の思い出は？」だと思います。
教　師　なるほど。これって必要？
児　童　必要！　これがないと、「何の学校行事が好き？」って、尋ねられないもん！
教　師　そうだね。ではまず、ALTの先生とこの表現に慣れ親しみましょう。

〈③児童相互のやりとりから、文集制作に使えそうな英語表現に気づく〉

児童A　「What's your best memory?」
児童B　「My best memory is sports day. I enjoyed Yosakoi-Soran.」
児童A　（ん？）「Yosakoi-Soran?」
児童B　「Yes. I tryed hard.」
児童A　「Oh, tryed hard…….」
児童C　「My best memory is school trip.」
児童D　「Me, too!　Why?」
児童C　「Because I enjoyed USJ and Kyoto with Masako.」
児童D　「Oh, with Masako. I see..」

　児童Aと児童Dは、友達とのやりとりを通して、「tryed hard」や「with ○○」などの英語表現に気づき、その結果、単元終末での自身の卒業文集制作に生かしていくこと（次頁参照）となります。

交流で使用したワークシート

評価・ふり返り

教　師　（ふり返りシートの記述を終えて）では、誰か発表してくれる人？

児童E　はい。Hさんが、運動会が好きな理由に、応援が楽しかったことを、「Cheer was fun.」と言いながらジェスチャーもつけていたのがわかりやすかったです。

児童F　僕は、Iさんと交流したときに、修学旅行の金閣寺のことを「It was very beautiful!!」と強調して言っていたのがいいと思いました。

本時で使用したふり返りシート

児童G　私は、Jさんが、「Because～.」とか「But、～」と話を長く続けていていいと思いました。私も教室英語でたくさん反応することができたし、初めて「By the way.」を使うことができて良かったです。だから自己評価は④です！

　児童のふり返りにある通り、児童は友達との交流を通して、友達の表現の良さや英語表現の豊かさに気づいていることがわかります。これは、他との交流なくしては広がりはなかったでしょうし、「英語で卒業文集に挑戦する」という目標や目的があったことが、その気づきを下支えするものとなったと思います。児童が目的をもった学びに向かい、そして教師が適切に手立てや評価を行うことが重要であると改めて実感させられた授業となりました。　（秦　潤一郎）

完成した英語の卒業文集

働き方改革と外国語の授業づくり　その４

ステップ４　自己満足に終わらない工夫（エビデンス）

　本校の取組で特徴的なのはこのエビデンスです。

　公立の先生方が「やってみたい」「使いました」という授業をめざしていますが、それを評価するのは私たちではありません。本校では、授業を見ていただいた半年後くらいに、本校の取組を実際に使ってもらえたかをアンケート（往復はがき）で再調査しています。

　また、大分県グローバル人材育成推進会議の委員を外部アドバイザーとし、定期的に取組を見てもらったり、県内の指導主事などの有識者にもアドバイスをもらったりして、自己満足の取組に陥らないようにしています。

アドバイザーによる視察

　この自己満足に陥らない取組は思わぬ副産物をもたらしてくれました。それは私たち職員の意識改革です。外部の方々から私たちには見えていなかったことを教えていただくことで、何をすればいいか課題が明確になりました。また、課題だけでなく取組に対するあたたかい言葉、「子どもたちが生き生きしている」「ちょっと背伸びすればできそう！」「イメージが湧きました」などの言葉は力強い励みになり、大きな達成感を与えてくれました。そして、それは苦手だった外国語に対する意識を変えることにもつながっています。

　外国語は確かに小学校教員には負担ではありますが、学校全体で目標とそれを達成するための取組を共有して、チームで取り組み、外部の方に評価していただくことで、負担も負担感も軽減されると思います。

（山田眞由美）

第3章

新教科を進めるにあたって欠かせない働き方改革
(座談会)

水落芳明・阿部隆幸・柳澤好治（文部科学省 総合教育政策局 教育人材政策課長）
河野雄二・時松哲也・山田眞由美・築城幸司・秦潤一郎
（以上、大分大学教育学部附属小学校）

C 働き方改革の背景

水落 さて最後に、外国語を進めるにあたって切っても切り離せない「働き方改革」をテーマにした座談会を行っていきたいと思います。文部科学省の柳澤課長、大分大学教育学部附属小学校（以下、大分附小）の河野校長、時松教頭、山田指導教諭、築城研究主任、秦外国語主任にお集まりいただきました。ありがとうございます。

阿部 ありがとうございます。

水落 最近は、働き方改革について論じられることが増えてきており、関連する法律やこれまでの経緯等についてもご存知の先生が多くなってきました。しかし、それで改革が進んだかと言いますと、そう簡単ではない。「情報としてはわかった。しかし、そうは言ってもなかなか仕事を削れるものではないし、頼まれたことをうまく断れるものでもない」というのが、現場で働く先生方の本音なのではないでしょうか。

　まずは、柳澤課長に国レベルと言いますか、働き方改革について考える際の基本的な背景をお話しいただくところから始めたいと思います。

柳澤 国レベルで考えますと、働き方改革は教育の世界だけではなく、全体の世界の話です。その言葉に乗りながら、今の教育界をよくしていこうという流れだと思います。例えば、2013年に行われた国際的な調査（「TALIS 2013」[*1]）で日本の先生方の労働時間が非常に長いという結果が出ています。そういったデータも踏まえながら、学校の状況や働き方を何とかしなければならないという動きになってきているわけです。

　それに加えて「society5.0」[*2]という言葉をお聞きになったことがあるかと思いますが、時代の変化が非常に早くなってきており、従来やっていた

＊1　OECD 国際教員指導環境調査（TALIS：Teaching and Learning International Survey）。学校の学習環境と教員の勤務環境に焦点を当てた国際調査で、2013年に実施された第2回調査では日本を含む34の国と地域が参加。http://www.nier.go.jp/kenkyukikaku/talis/imgs/talis2013_summary.pdf

＊2　狩猟社会（Society1.0）、農耕社会（Society2.0）、工業社会（Society3.0）、情報社会（Society4.0）に続く、新たな社会を指すもので、IoT（Internet of Things）や人工知能（AI）等により、新たな価値が産業や社会にもたらされる未来社会の姿（内閣府 HP 参照）。

ことを続けていけばいいという時代では、もはやなくなっていますので、新しい動きが急速に必要になってきているわけです。それで、このようなことに対応するためには、何かを整理して空き容量をつくらないといけないわけです。まさに、コンピュータみたいなものですね。空き容量がごくわずかしかないと処理スピードが遅くなる、それと同じような感じです。

　私は、今叫ばれている働き方改革というのは、1つのきっかけではあると思いますが、「何かを削りました、それで終わり」というものではないと考えています。そのような形ですと、10年経ったらまた一杯になってしまうわけですからね。大切なのは、毎回の取り組みの中で「削り続ける文化」というものを、ここで構築しないといけないということだと思います。その削り方のノウハウを追究できる学校には、どんどん追究していただきたいですし、私たちとしては、それをコーディネートしたいと思っています。そういう取り組みの先導役を大分附小の先生方には求めたいと考えています。

水落　ありがとうございます。さて、大分附小の先生方は、なかなか削れない学校業務の削減に先進的に取り組み、しかもその中心に外国語を位置づけて成果を上げてきた方たちです。特に、築城先生は、こちら（大分附小）に赴任して7年目ですよね。まずは、以前の大変な頃の思い出話から……。

山田　それは、3日くらいかかりますよ！（笑）

一同　（爆笑）

水落　まあ、語れる範囲でお聞かせいただけないでしょうか。働き方改革を推進したほうがいいことはわかっているけど、なかなか踏み出せない読者の皆さんに、一歩踏み出す勇気を与えられるのではないかと思っていますので。

築城　以前と今と、何が大きく違うかと言いますと……、以前は各種研究会に関する事務作業や雑務が多くて、教科の研究とは直接関係のない仕事をたくさんしていたんですね。それが今はなくなったというのが大

きいです。

柳澤 例えば、それはどんな団体や大会の準備に関わるものなのですか。

築城 例えば……九州で大会とかがありますと、そこまでの宿泊先の手配とか、移動手段の手配とかですね。私は算数の担当でしたので、算数の大会での運営や宿泊、懇親会の手配など膨大な事務作業を2、3人で話し合って決めていました。あれを手放せたというのが大きかったですね。

河野 各種研究会に関する業務を整理していくことは、平成25年度（2013年度）から行われていた大分県教育委員会と附属四校園の協議中で決まった「附属刷新プラン」の中の取組の1つです。一連の膨大な業務が交流人事を停滞させている要因の1つでした。

水落 そこで注目したいのがこのグラフなんです。これを見ると、各種研究会に関する業務を整理していった翌年から全国学力学習状況調査の結果が上がっています。学校の改革を本格的に始めるのはその次の年です。つまり、業務を整理し減らすことで成果が現れてきたということですね。

山田 これは、全国の国立の小学校と比べたB問題平均正答率ですね。

河野 たしかに、このグラフですと、業務を整理し減らしたら成績が上がったという印象を与えてしまうかもしれませんが、それがすべてではありません。業務の整理に加え、生活指導と授業改善にやるべきことを集中させたその結果です。

水落 なるほど。つまりこういうことですか。先生方は以前からすごくがんばっ

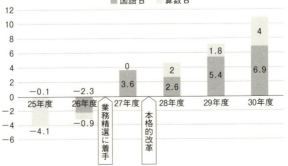

ていた。しかし、その力はどうしても有限であると。その限りある労働力というのでしょうか、労力の中で、大きな負担となっていた部分を整理することで、授業のほうへ力を傾けられるようになった、だから成績が上がった、ということでしょうか。

河野 それはかなり大きいでしょうね。

築城 そうですね。それまでは附属学校として、教科の意識が強かったですから、担当する1つの教科に無限に、と言いますか、今では考えられないほどの労力をかけてやっていました。しかし、一連の改革を通じて自分が担当から外れてからは、一般の学校のように他の教科にも満遍なく力を注げるようになっていきました。そういうところで、授業改善を図っていくことができたんじゃないかなと思います。それまでは、独自性が強すぎて汎用性が弱かったのかなって、ふり返ると思いますね。

水落 なるほど。こういうグラフを見ながら話すことができるのは、エビデンスを大切にする大分附小らしいです。説得力を感じます。

何が正しいのか、わからないまま進むことへのストレス

秦 業務の整理という話がでましたが、これまで私が苦しかった仕事は、学校全体の「研究テーマ」と、その理論を各教科に下ろした「教科研究」でした。これは以前勤めていた他の附属でも同じです。きっと多くの附属学校でも同じだと思いますが、その学校のメンバーだけで自分たちの研究を突き詰められるだけ突き詰めていくんですね。もちろん、正しい部分もあるのでしょうが、本当にそれがすべて正しいのかどうかはいつも懐疑的でした。そしてそこに、その学校に長くいる先生のほうが自然と発言力が強くなるという年次制がありました。特に研究の中心を担う先生は格式が高いという面があり、管理職の先生よりも上のような立場なのかなと感じてしまうことが慣例的にありました。

阿部 年次制というのは一般の学校では馴染みのない言葉ですが、どう

いうものなのですか。

山田　年齢や個々の実績や適性に関係なく、その学校に勤めている年数によって任される分掌が変わってくる仕組みです。以前、大分附小では、各学年とも、一番古くから勤めている先生が1組の担任で学年主任、次に2組担任、最も新しい先生が3組の担任になっていました。

阿部　ほ〜。そういうのって子どもたちにも影響するんじゃないですか。

山田　はい。1組の先生の言うことは聞くけれど、3組の先生の言うことは聞かない、なんてこともあったと聞いています。

阿部　おやおや……。

水落　年次制の話は聞くたびに驚いてしまいます。さて、秦先生のお話に戻しますね。そうやって、自分では理解できないことを上から言われるときって、どんな感じでしたか。

秦　私としては、まず、それに納得がいかなかったことが多かったですね。なぜ、そこまで言われなくちゃいけないのかって。基本的によくわからないんですよ。わからないまま進んでいくしかないストレスがたくさんありました。それで、「では、何をがんばればいいんだろう」って考えると、結局自分の担当教科がありますから、それを追い求めていくんですよ。算数なら算数、国語なら国語っていうように。でも、大分附小では、その担当教科を突き詰めていくという教科研究最優先の枠を取っ払ったんです。それで、余裕をもってみんなで外国語ができるようになったんです。

水落　ほ〜。あの……、その話、本に載せてしまって大丈夫ですか。

秦　大丈夫です。

水落　その、前に勤めていた他の附属では、何が正しいのかわからないまま進むのが苦しかった、という話ですが、そうならないために、大学の教員が関わっていくんじゃないんですか。

秦　前に勤めていた他の附属では、共同研究者として大学の教員が名

前を連ねてはいるのですが、それ以上に、先ほどもお話しした研究を中心に担う人たちがいて、その人たちの発言が優先されるんですよ。そうすると、大学の先生も理論は伝えるけれども、指導面については研究を中心に担う人たちにお任せします、ってことになってしまう。なかなか口出しできにくいんですね。また、以前の大分附小も似たような状況があったように聞いています。

一同　……（沈黙）……

水落　あの……、そういう状況だというのは、文部科学省では把握しているものなのでしょうか。

柳澤　連携不足という観点でしょうか。

水落　ええ。あと理論と実践が離れてしまっている、という点でしょうか……。

柳澤　ああ、そこはそうですね。前々から課題になっていたところで、例えば、教職大学院制度というのは、いろいろなニーズがある中でつくったものですが、最大のねらいは、理論と実践をつなげて往還させようということですから、あえて言うなら、そういうことが背景としてあったから、とも言えるでしょうね。

秦　その……、私が研究を中心に担う人たちに納得できないでいたときに、ある大学の先生がいて、その先生はちょっと違っていたんですね。理論は伝えるけれども、あとはがんばってというスタンスではなく、とても理解のある方でした。その先生は、「理論については私たちはプロだ。しかし、実際に子どもたちに対峙することはできないから、そこはぜんぜんプロじゃない。だから、理論はお伝えするけれども、実践面についてはプロであるあなたたち現場の教師にお願いできないか」というスタンスでした。まさに共同研究という感じで非常に仕事がやりやすかったことを覚えています。

水落　対等な関係ということですか。

秦　そうですね。上からでもなく、下からでもなく、あのときは本当

に救われたと感じました。ですから今、こうして別の学校に異動しても、その先生も別の大学に移っても、お付き合いは続いています。ですから、理解できる大学の先生との交流は、お互いに Win-Win の関係を築けられるんじゃないかなって感じています。

水落　なるほど〜。う〜ん。レベルは違いますけれども、実はその感覚はよくわかる気がします。私は、小学校と中学校を合わせて20年勤めましたが、校内研修の会議って、わかったことがほとんどなかったんですよね。ですから、よく「僕、頭が悪くてわかりません」って話していました。でも、大学院に派遣してもらって勉強したら「1＋1＝2」だよねってくらいに、スッキリしたことがありました。時松教頭先生は、上越教育大学の教職大学院の OB ですが、そういう感覚ありませんでした？

時松　それはありますね。教職大学院に行く前は、「校内研修や研究授業のあり方ってこのままでいいのかな」という感覚がありました。それで派遣してもらって勉強していくと「そうだよね、そうだよね」ということがたくさんありました。

水落　ありがとうございます。無理矢理言わせてしまいましたね。でも、大学院時代のあんなことやこんなことは本にはしないので安心してください（笑）。

時松　1つも悪いことはしていませんので、ご安心ください（笑）。

一同　（爆笑）

水落　失礼しました。それで、何が言いたいのかと言いますと、学校の研修って、何が正しいか正しくないかっていうのがはっきりしないんですよね。「エビデンス俺」とか「エビデンス彼」もしくは「エビデンス大御所」みたいなところがあるんですよ。その大御所の先生が頷けば、OK みたいな感じで、大御所が納得するかどうかがポイントになるわけです。研究授業をやっても、指導者が外部から来た場合でも何でも、その指導者がいいと言うか、ダメと言うかによって、成否が決まってしまう。

一同　（口々に頷きながら）う〜ん。そうですね……。

第3章　新教科を進めるにあたって欠かせない働き方改革

秦　まさに、それが前の学校で言えば、研究を中心に担う人たちだったんですよね。ですから、僕は納得ができなかったんです。でも、今の学校（大分附小）で山田先生（指導教諭）の指導に納得がいくのは、1つ1つの指摘が学習指導要領に基づいているからなんです。

山田　あら、納得していただいてとってもうれしいです。ただ、私たちって、当たり前のことを当たり前にやろうとしているってだけじゃありませんか。

秦　ですけど、以前は学習指導要領に基づかない独自の路線でやっていましたので、拠り所って言いますか、何を信じて進んでいったらいいのかがわからなかったんです。でも今は、1つ1つ学習指導要領を拠り所にして、そこに立ち返って考えながら進んでいますので、全国学力・学習状況調査のB問題の成果にもつながっているんだと思います。それは学習指導要領に則ってつくられる調査問題ですから、独自路線ではなく、学習指導要領に則って授業を考えれば直結していくのは当然ですよね。これで、成績が上がらないわけはないんです。

水落　まさに、今のお話は、先生方が取り組んでいる研究と、その成果を測るべきテストが一体化していない悲しさがあった、という話ですよね。だからこそ、私たちは、目標の部分と評価の部分を一体化させる必要があるだろう、と主張しているんです。

秦　はい。

水落　ですから、こんな当たり前のことを主張しているのだから、付き合ってくれない人はいないだろうな、くらいに思っているんですよ。

阿部　（笑）

水落　それで、私たちは、その考え（目標と学習と評価の一体化）に基づいて実践を積んで成果を感じ、データを分析して学会に発表し、論文にしたり書籍にしたりしています。こういうことって、実は今まであまりなかったことなんですね。ですから、学術研究の作法に基づいて成果をまとめていても、「あなただからできたんじゃない？」という反応を受

座談会　119

けることがあります。それで、学校現場での研究発表を見に行くと、「〇〇大学の〇〇先生の理論によると……」というのが大上段にあって、それはそれで悪いことではないですけど、その「〇〇先生によると……」という看板の部分が大切にされているのを感じます。「エビデンス誰」なのか、が重要なんですね。ですから、成果の検証の際、どういうデータがあるのか、どんな手法で分析されたのか、つまりどんなエビデンスがあるのか、ということに教育の世界は、まだ慣れていないなと感じるわけです。

秦 まさに、そういうことなんだと思います。

水落 どうして、そうなっちゃっているのかなぁ……。これって課長に聞くのもなんですが、こういう話って語りにくいですか。

一同 （爆笑）

柳澤 そうですね。私が話すのはちょっと……という部分はありますが、一般論として、大学が学術について追究していく、それ自体は正しいことなんだと思います。でも、特に教育や教員養成の世界では、それによって現場から離れていってしまうこと、すなわち理論と実践の乖離が問題であることが特に最近、明確に意識されるようになってきたということなんでしょうね。

C 協働的に進むためのキーポイントとは

河野 公立学校の研究体制のモデルをも望まれる附属学校に、求められる研究体制というものは、体制そのものが教育的・協働的なものでなければいけないと思っています。教科や年齢の枠を超えて誰もが自由に発言しながら研究を進め、1つの目標に向かって協働していくべきなんだと思います。

水落 なるほど。先ほど秦先生が話された大学の先生のお話にもありましたが、「協働的」というのが鍵ですね！　しかし、協働的に進められるかどうかの鍵は、何なのでしょうか。

秦 「子どもを見ているか」ではないでしょうか。机上の理論だけではなく、きちんと現場に足を運んで、子どもを見て「ああ、子どもってこういうふうに考えるんだな」ということをきちんと見てくれるかどうか、が鍵じゃないかと思います。それであれば、授業をしている私たちと同じ目線で一緒に考えることができますし、私たちも共同で研究ができるなという感覚が生まれてきます。

　これは、私の個人的な感覚かもしれませんが、大学の先生って格好いいな、というイメージがあります。学術とか専門という言葉に私たちは弱いんですよ。なんて言いますか……そういう言葉を使うとレベルが上がったようで、私たちもそこに行きたくなるような感じがします。もしかしたら、附属学校に勤めるというのも、大変なことではあるけど、どこかで「俺は附属だよ！」という意識になっている先生だっていたんじゃないかなと思います。だからこそ、大変なことにも自分たちだけで取り組んでいくような感覚ができちゃったんじゃないでしょうか。

河野 大学の先生との共同研究という部分と、学校の中での協働というのは少し違う部分があるように思います。

水落 （河野）校長先生からすると、「協働的」である鍵はどんなことになるんでしょう？

河野 やはり、相手を尊重しながら話し合いができるってことなんじゃないでしょうか。これは当たり前のことですが、社会人なんですから。相手の人格を尊重し、考えを尊重して攻撃的ではなく、受容的に話し合うってことが大切なんでしょうね。当たり前のことなんですけど、以前の附属や附属と大学との関係に足りなかったことなんじゃないかなって思います。

柳澤 あの、ちょっと、知りたいなって思うのですが……。大学の先生も自分の子どもを見ていると思いますし、真摯に教育に取り組んでいると思うんです。でも、そういうギャップができてしまうのはなぜなんでしょうか。

座談会

築城　大分附小の例で言いますと、今まで接点がなかったんです。授業を見てもらう機会も、以前は本当に少なかったんですよ。

柳澤　共通基盤があるかどうか、ということなんですかね。

河野　そこに年次制というのが影響していたんじゃないでしょうか。年次制では、上の年次の人は下の教員に指導することが仕事、使命のような感じで、ここは厳しくやらないといけない……という意識が出てきてしまうんです。

秦　そういう年次制があって、強い立場意識が確立されてしまっていると、大学の先生が子どもを見に行こうと思っても、どうせ年次制で上の人が教えてしまうのだから、自分たちの出る幕はないなって感じになって、どんどん疎遠になってしまうといったことがあったんじゃないでしょうか。

水落　課長は、そういう学校の場面を見たことはありますか。

柳澤　それはないですね。そもそもそういう学校は、私たちを呼びませんから。外からの意見を取り入れようという意識もないでしょう。

水落　なるほど。ガラパゴスとしては、新しいDNAに来てもらっては困るんでしょうね。ですから、柳澤課長がこの座談会に参加してくださっているという意義は、大きいと思っています。私、現場にいるときに文部科学省の方がこんなに現場のことを知ろうとしているとは思っていなかったですから。それを現場の先生方が知るだけでも、ずいぶんと救われるんじゃないかと思っています。

柳澤　私たちの仕事って、わかったつもりになって仕事を進めなければならない面はあるんです。現場にいつも行けるわけではないですので。でも、やはり行ってみないとわからないよね、って部分がかなりあるのも事実で、極力現場に足を運ぶようになりました。実際に見てみないと、先生方は何が大変なのか、どんなふうに大変なのか、わからないことって、どうしてもありますよね。

水落　水戸黄門みたいですね。

一同 （爆笑）

柳澤 大学と現場の関係で必要なのは、そこなのかもしれませんね。せっかく現場があり、近くに大学があるのですから、お互いに共通の土俵に乗ることを考えていく必要があるんじゃないでしょうか。

秦 まさにこの場の空気も受容感に溢れていますよね。先ほどから教頭先生もずっと黙っていますし……。それで、調子に乗って喋りすぎているようでビクビクしていますが……。

一同 （爆笑）

時松 私、ここ（大分附小）に来て、縁があって管理的な仕事をさせてもらうようになったんですね。それでその視点から、「協働的」にできるための鍵はなんだろうって考えてみました。水落先生がよく授業づくりにおいて大切だと言われることと重なるのですが、それは目標の共有がきちんとできるかどうか、ということだと思うんですよ。

　では、私たち（大分附小）の目標は何かって考えると、公立学校の役に立とうよ、ということ、そして、次代の大分を担う教育実習生をしっかり育てていこうよ、ということ。それに加えて、大学の研究の役にも立とうよ、ということだと思うんです。この3つの目標を共有することで、この目標を達成するためには、みんなで力を合わせようってことになっていきます。

　以前でしたら、年次の上の先生のお眼鏡にかなうように、という意識から局所的な世界に入り込みがちでしたが、公の目標の共有、真っ当な目標の共有が図られますと、1人じゃできませんので、組織で立ち向かうことになります。そうすると、ミドルの先生たちも私たち（管理職）がもっていない感じ方、目線、守備範囲で活躍してくれます。そして、「そもそも、それは目標と合っているのか、それともずれているのか」を考え、「これ、おかしいんじゃない？　要らないんじゃない？」といった議論もできるようになります。真っ当な議論なら無駄を排除していけるようになるんですよ。それを繰り返していくと、スクラップを不断に続

けていく文化ができあがってくるんじゃないかなって思います。1人が1つの仕事をするよりも3つの仕事を3人でするほうが、よっぽど能率的ですし、いいものができます。それで人材育成にもつながる。そういう働き方が大事だと思います。

「子どものために」というキラーワードに疑いをもつ

時松 これを言うと、いろいろな意見と対立するかもしれませんが、この（教育）業界に内在されている「子どものために」というワードが、実は非常に問題があるのではないか、と思っています。私が大分附小に赴任した当時の校長先生によく言われたのが、「子どものために」っていうのには、「？」をつけて考えないといけないぞってことでした。まず、子どもたちを変えたいと思ったら、教師を解放しなきゃダメだ。教師を大事にしないと本物ではない、と言われたんです。

ですから、まずは、先生方の負担を思い切って削り、空き容量をつくって、その中でクリエイティブなことも考えられるようにするということを大分附小ではやったんです。そのことは、一番心に残っていますし、今も大事にしているところです。ただ、私自身は「子どものために」というキラーワードで育ってきたんですね。それを言われたら何でもやらなきゃいけなくなる。でも、それは本当か？　って考えてみる必要があるんだと思っています。

水落 「子どものために」という言葉に「？」をつけるというのは、すごいですね。当時の校長先生、教頭先生、とても勇気が必要だったんじゃないかと思います。「子どものために」に「？」をつけるというのは文部科学省としては「あり」ですか。

柳澤 先生方を解放することが最終的に子どものためになるのだから、そういうことをやっていきましょう、という文脈であれば、もちろんありだと思います。ただ、私たちの立場では、その言葉だけが一人歩きし

てしまうと誤解を招く心配もありますので、お互いに気をつけなくては
なりませんね。

秦 そうだと思います。私も基本的には、子どものために尽くすべき
だと思います。でも、そこには優先順位だったり、ダイレクトな道や遠
回りの道もあるんだと思います。大事なのは、それをできる環境を整え
てもらっているか、ということではないでしょうか。私たちが月1回開
いている学年主任会のプログラムには、「さらなるスクラップ」という項
目がありますが。

水落 まさに、スクラップが文化になっているということですね！

秦 そういう組織を管理職の先生方がつくってくださっているんで
す。そして、私たち（ミドル）は、ちょっと生意気かなって思うような
要望もどんどん出しています。そうすると、可能な限りそれを叶えよう
としてくださるんです。目標を共有した、いい循環が生まれていますの
で、働き方改革が回っているんじゃないかと思います。

築城 削り続けるということについてですが、以前はまったく、空き容
量がなかったんですよ。本当に忙しかったんです。ですから、あのとき
は「子どものために」と言っていましたが、実際そうなっていたかどう
か……。仕事を整理し、空き容量ができ、組織化することによって協働
的に仕事ができるようになった今、「余裕があるんだな」って実感するの
は、私はこの学校に7年いますが、毎年、子どもと遊ぶ先生方が増えて
いることですね。以前は、それどころじゃなかった。子どもたちに「先
生は忙しいから無理だよね」って気を遣われていたくらいです。

一同 （苦笑）

水落 なるほど。あえて質問しますけどね、そうやって「子どものため
に」に「？」をつける取り組みをしていくことって、そう簡単ではなく
て、いろいろな形で批判を浴びることもあったんじゃないですか。とく
に当時、管理職であった校長先生、いかがですか。

河野 当時は教頭でしたが、これは「子どものために」というワードを

否定して始めたわけではなく、「子どものために、こう変えていきます」と言って改革を始めたわけです。しかし、始めの頃の成果が出ないときには言われましたよ。「何やっているんだ！」「職員だけが楽しようとしているんだろ！」と。でも、この改革で変わっていく子どもの姿、目の前の子どもが成長していく姿がある限りは、私たちは何も怖がる必要はないですよね。保護者の方々にも、改革のスピードが速かったので、始めの頃は、受け入れられない方もいらっしゃいました。しかし、子どもたちの様子を見るうちに、「これはいいんじゃないか」って思ってくださったんだと思います。

水落　結果が出るまでには、どれくらいかかったんですか。

河野　半年くらいは大変でしたね。

水落　その半年間、「本当に結果は出るのか？」といった声もある中、みんなでベクトルを揃えて進んでいった際の工夫について聞きたいですね。

秦　工夫……と言いますか、ですね……。

柳澤　その改革に勝算があり、こっちのほうが効果的だと判断されたから進められたのだと思うのですが、何に基づいてその判断をされたのかというのは、私も興味ありますね。

秦　いい方向に進むぞ、という確信はありました。ただ、こんなに一気に削って本当に大丈夫か、という不安もありました。その真っただ中は、保護者の方から直接何か言われることもありましたし、間接的に周りの学校の先生から「おい、附属小大丈夫か？」と言われることもありました。でも、携帯電話の番号を伝えるのをやめ、19時以降は電話に出ないようにし、連絡網もなくしたのは、よかったと思っています。批判は多かったですが、これは一番よかったですね。以前は、1日の区切りがつかなかったですから。

水落　以前は結局、24時間営業になってしまっていたということですね。

秦　はい。24時間営業でした。

阿部 このような改革をするときって、周りの批判ももちろん気になりますが、一番気になるのは、それまでの状況に慣れ親しんできた同僚の目なんじゃないかと勝手に予想するのですが、その辺りはいかがですか。

築城 変わっていくときに、寂しさはありましたね。自分が信じていたものが、「これ、要らないんじゃない？」という議題にあがり、なくしていくわけですから。私は国語、算数、日記という「3冊ノート」の取り組みの中で特に毎日日記を書く指導を大切にしていたのですが、あれは、子どもとのつながりの面でもいいなと思っていたんです。でも、それをしていると、毎日子どもが書いてきたものを見て返事を書いて返しますよね。そうすると、結果的には目の前の子どもを見ないってことになっていくんです。ですから、今のほうが本当の意味で子どものためになっているなって思っています。

柳澤 なるほど。子どものためになっていなかったわけではなく、効果はあったんだけど、ただ最大かというとそうでもない、それにかける時間と効果を考える必要があったってことですね。

外国語の導入によるプラス1にどう対応すればいいのか

水落 日記の指導にしてもいろいろな取り組みにしても、足し算の取り組みの成果を発表することが、学校現場ではずっと続いてきたのではないかと思っています。やはり、研究指定等を受けて発表することになりますと、何かオリジナルのものを生み出して、足し算して、みんなでがんばってそれをやれば何らかの成果が出るわけですよね。附属学校に限らず、学校現場の校内研修もそうやって足し算の成果を発表しているわけです。でもそれは、ピグマリオン効果のような結果だったのかもしれないんです。それで、そういう取り組みを10個やったら10倍の成果が出たかって言いますと、決してそんなことはなくて、失うもののほうが多くなってしまった。これが今の学校現場の苦しさなのではないでしょうか。

座談会

そう考えたときにですね、今度、新しく外国語が入ってきました。ほとんどの学校では純増で対応しています。これは、同じ轍を踏むことになりはしないかと心配していますが、いかがですか。例えば、文部科学省としては、どんな対応を考えていますか。

柳澤　英語の教員養成や研修のための策は、ある程度打ち出せていると思うんです。国や地方における研修の充実や、リーダーとなる教員の養成・研修・配置などです。でも単純にそれだけをやるということであれば、業務量がプラスになってしまいますので、大切なことは働き方改革であり、スクラップするということです。

　それから、新しいことが入るってことは、実は単純にプラスになるってことだけではないと思うんですね。それはまさに大分附小の先生方が今日の授業（第１章で話している授業のこと）で示してくださっていますが、日頃の指導の中に英語というのはかなり入り込めるんですね。例えば、プレゼン能力を高めるとか論理的に考えさせていく場面などが、今日の授業の中でもありました。すなわち、新しいものが入るときに、ただのプラス１にしないってことが大切なんじゃないかと思います。逆にそうしていかないと、今求められている「社会に開かれた教育課程」や情報化に対応した「society5.0」への対応、特別な支援を必要とする子への対応など、到底もたない。

　でも、考えてみたら、結果的には１つの取り組みが実は３つの効果を生んでいたじゃないか、ということがあると思うんです。そういうのを私たちは期待したいですね。１つ１つ増やしていくんじゃなくて、有機的につなげてみたらこの部分は一緒だから省力化できるよね、という感じです。そう

いうことを併せてやった上での外国語であれば、結果的には負担はあまり増えないですし、つながりをよくすることで総体的な量は増やさずに質は高める、そういう取り組みを期待したいですね。

水落　第1章での話の繰り返しに少しなってしまいますが、秦先生が「全員の先生が外国語の授業を実践するなんて、はじめは考えられなかった」といったことをおっしゃっていましたが、でも本日、大分附小を回って見せていただいたら、どの先生もしっかりやられていました。その中で、教材や授業プランがシェアされていましたが、これは、外国語が入ることによって、先生方の協働体制がより強固なものになっていったということですよね。

秦　まさにそうですね。3人で3つの仕事をする感覚です。外国語の授業を学年で、みんな同じにやるのですから、授業プランを交代でつくっていってそれをシェアすればいいわけです。ですから、単純にプラス1にはならない。あとは外国語担当が3人いますので、そのメンバーが授業プランをつくるときなどで相談にのったり、他の指導案を渡したりしていくようにしています。1からつくるとなると大変ですから、大分附小ではそれはしないようにしています。そして、一番大切だと思うのは、「あの先生だからできる」という世界をつくらないようにしていることです。

河野　そのエビデンスとして、ストレス診断テストの結果で、大分附小は協働の部分がとても好成績なんですよ。まさにチーム力に支えられているんです。

阿部　なんだか、We の話でまとまった感じですかね。

一同　そうですね（爆笑）。

おわりに

　子どもたちの全員が平均点を上回ることはあり得るでしょうか。あり得ません。

　全員が100点を取ったとしても平均が100点になるのですから、全員が平均を上回ることなどあり得ないのです。

　しかし、子どもたちの学力を全国平均などと比較する取り組みを目にすることがあります。その取り組みの先にあるのは、どんな世界でしょうか。私には、疲れてしまっている先生方の姿が目に浮かびます。そしてその周りに、やはり疲れて、寂しそうにしている子どもたちの姿が目に浮かぶのです。

　人は、目標達成を見込めないとき、成果ではなく努力したことを主張しなければなりません。これもやった、あんなにがんばった、だから許してくださいと。こうして「世界一忙しい」と言われる先生が生み出されると思うと辛くなります。

　私の夢は「優れた教育実践のメカニズムを解き明かし、誰もが共有できるようにすること。それによって、子どもたちや先生方、関係する人たちが幸せになること」です。そのために「理論と実践の往還」を目指します。

　大変だと思っていたことも、理論的に分析し、正体が見えれば怖くなくなり、対策を立てることができます。私はそんな世界を夢見ています。闇雲にがんばっていたのでは「世界一忙しい」と言われる学校現場の実態を変えることはできません。本当に効果的なこと、絶対に必要なことに、自信をもって力を注ぐことのできる先生と一緒に、幸せな子どもたちを育て、明るい未来をつくっていきたいと願っています。

　幸い、本書では外国語活動や外国語科、そして働き方改革のための工夫について、全国の信頼する先生方から実践を紹介いただきました。そ

れぞれの先生方の個性が発揮され、新しいことや大変なことにも、むしろそれを楽しみながら取り組む姿を感じることができます。ありがとうございました。

　また、座談会にご協力くださった文部科学省の柳澤好治さん、大分大学教育学部附属小学校の先生方、学校現場が取り組むべき方向はもちろん、そのために整理しておくべき闇の部分までも浮き彫りにしていただけたと感謝しております。

　そして何より、本シリーズをずっと一緒につくってくださっている阿部隆幸さん、学事出版の加藤愛さん、本当にありがとうございます。いつもお二人に励まされ、勇気づけられながらずっと心の中にあった思いをテキストに乗せることができました。ありがとうございます。

　外国語活動や外国語科、そして働き方改革は始まったばかりです。どういった方向に進むのかを決めていくのは、学校の教室に立つ先生方です。何かを付け足してやったことにすることは簡単です。でも、何かを削るのには勇気が必要です。

　本書が先生方を励まし、一歩踏み出す勇気を与えられることを願います。そして、先生方の学校を訪ね、本書に紹介した内容をさらにパワーアップした実践を見せていただける日を夢見ています。

2018年10月　水落芳明

〔編著者紹介〕

水落芳明（みずおち・よしあき）
1964年群馬県生まれ。上越教育大学教職大学院教授。中学校6年、小学校14年の教師生活を経て現職。学校現場に役立つ教育研究をめざし、理論と実践の往還によって、幸せな先生が幸せな子どもたちを育てることを夢見ている。著書に『成功する『学び合い』はここが違う！』『だから、この『学び合い』は成功する！』『開かれた『学び合い』はこれで成功する！』（以上、学事出版）がある。

阿部隆幸（あべ・たかゆき）
1965年福島県生まれ。上越教育大学教職大学院准教授。NPO法人「授業づくりネットワーク」副理事長。主な著書に『『学び合い』×ファシリテーションで主体的・対話的な子どもを育てる！』『『頭ほぐし』の学習ベスト50―はじめの5分で頭の準備運動を！』『協同学習でどの子も輝く学級をつくる』（以上、学事出版）『授業をアクティブにする！　365日の工夫　小学1年』『「活用・探究力」を鍛える社会科"表現"ワーク小学校編』（以上、明治図書）などがある。

〔著者紹介（執筆順）〕 ＊執筆当時
鈴木　優太（宮城県公立小学校教諭）
佐藤　　宏（大分大学教育学部附属小学校教諭）
遠山　　司（上越教育大学教職大学院院生）
大野　睦仁（北海道札幌市立三里塚小学校教諭）
平　祐次郎（大分大学教育学部附属小学校教諭）
前田　考司（上越教育大学教職大学院・新潟県公立小学校教諭）
尾形　英亮（宮城県公立小学校教諭）
益戸　順一（大分大学教育学部附属小学校教諭）
菊地　南央（福島県二本松市立新殿小学校教諭）
林　　俊行（新潟県新潟市立上所小学校教諭）
秦　潤一郎（大分大学教育学部附属小学校教諭）
山田眞由美（大分大学教育学部附属小学校指導教諭）

［座談会協力者］
柳澤　好治（文部科学省総合教育政策局教育人材政策課長）
河野　雄二（大分大学教育学部附属小学校校長）
時松　哲也（大分大学教育学部附属小学校教頭）
築城　幸司（大分大学教育学部附属小学校教諭）
甲斐　義一（大分大学教育学部附属小学校教諭）
井　　智美（大分大学教育学部附属小学校教諭）

実例で見る！外国語×働き方改革
これで、小学校外国語の『学び合い』は成功する！

2018年11月21日　初版発行

編著者──水落芳明・阿部隆幸

発行者──安部英行

発行所──学事出版株式会社

　　　　〒101-0021　東京都千代田区外神田2-2-3
　　　　電話03-3255-5471　http://www.gakuji.co.jp

編集担当　加藤　愛　装丁　岡崎健二　イラスト　海瀬祥子
印刷製本　精文堂印刷株式会社

© Yoshiaki Mizuochi, Takayuki Abe, 2018 Printed in Japan
落丁・乱丁本はお取替えします。

ISBN978-4-7619-2516-1　C3037